Adieux au capitalisme

Jérôme Baschet

Adieux au capitalisme

Autonomie, société du bien vivre et multiplicité des mondes

La Découverte / Poche
9 *bis*, rue Abel-Hovelacque
75013 Paris

Cet ouvrage a été précédemment publié en 2014 aux Éditions La Découverte dans la collection « L'horizon des possibles ».

ISBN 978-2-7071-9234-9

*Aux jeunes, aux enfants, aux femmes
et aux hommes des montagnes
du Chiapas, qui nous ont donné tant de leçons
d'inventive résistance,
de patiente capacité à construire en collectif
et de digne humanité.*

INTRODUCTION

Nous sommes englués dans la réalité. Elle nous colle à la peau, comme un vêtement impossible à arracher. Dans un monde qui se targue de flexibilité et de fluidité, la réalité s'est paradoxalement constituée comme une matière de plus en plus dense et pesante ; même sa complexité réticulaire s'est faite gage d'omnipotence tentaculaire. Elle multiplie les pièges de la contrainte, de l'urgence et de l'inéluctable adaptation à des processus globalisés sur lesquels nul ne saurait avoir prise. La fatalité systémique règne et les mouvements incessants d'un monde changeant et liquide ne sont rien d'autre que la pleine réalisation de cette fatalité.

L'adhésion à la réalité peut, certes, prendre des formes diverses, où tiennent une place variable l'impératif de survie, le miroitement des modèles d'ascension sociale, les séductions addictives de la consommation, les petits privilèges d'une vie un tant soit peu confortable, les pièges d'une logique concurrentielle qui nous fait obligation de croire qu'il n'y aura pas de place pour tout le monde, la peur de perdre le peu que l'on a et le sentiment d'une insécurité méticuleusement entretenue. Même une bonne dose de scepticisme, voire une solide capacité critique ne portent guère atteinte, le plus souvent, à cette adhésion à un système qui a peut-être renoncé à nous convaincre de ses vertus pour se contenter d'apparaître comme la seule réalité possible, hors du chaos absolu, ainsi que le résume la sentence emblématique de François Furet : « Nous sommes condamnés à vivre dans le monde dans lequel nous vivons [1]. » Il n'y a pas d'alternative [2] : telle est la conviction que les formes de domination actuelles sont parvenues à disséminer dans le corps social. Au-delà des opinions de chacun, telle est la norme de fait, en vertu de laquelle l'agir se conforme à une implacable logique d'adéquation à la réalité socialement constituée.

Pourtant, ce bel édifice a commencé à se fissurer. L'apogée de ce que, dans les années 1980-1990, on appelait la pensée unique est déjà derrière nous. Un peu de chemin a été parcouru depuis ce moment où la rengaine de la fin de l'histoire passait pour une évidence presque incontestée. Le cycle du reflux de la critique sociale, amorcé autour de 1972-1974 et lugubrement amplifié dans les décennies du triomphe néolibéral, a connu ses premiers coups d'arrêt à partir du milieu des années 1990 (soulèvement zapatiste en 1994, grèves de décembre 1995 en France, mobilisations de Seattle en 1999, notamment). Un autre cycle s'est alors amorcé, marqué par la montée en puissance des critiques du néolibéralisme et l'émergence des réseaux altermondialistes, dont l'aspiration à « un autre monde possible » a constitué une arme efficace contre l'inéluctabilité supposée de l'ordre néolibéral. Ont émergé des acteurs jusque-là peu visibles (exclus, « sans », migrants, peuples indigènes...), mais aussi des formes nouvelles d'organisation et des manières différentes de

---

1 François Furet, *Le Passé d'une illusion. Essai sur l'idée communiste au XXe siècle*, Robert Laffont - Calmann-Lévy, Paris, 1995, p. 572.

2 Le célèbre TINA (*There is no alternative*) de Margaret Thatcher.

concevoir les luttes (assumées dans leur pluralité et leur complémentarité, sans hégémonisme et avec le souci de défendre l'intégralité de la vie).

Quelles que soient les limites de ces mouvements, les années 2000 ont été marquées par un regain de créativité critique et une nouvelle radicalisation. Un indice parmi d'autres, minime mais révélateur, est la résurgence du terme « capitalisme », que le triomphe de la pensée unique avait réussi à faire passer pour un archaïsme inconvenant, sinon franchement obscène [3]. Or, ce terme est susceptible de mobiliser un fort potentiel critique, car il permet de nommer la réalité selon une logique distincte de celle par laquelle cette réalité même tente de s'imposer à tous [4]. Ses détracteurs ont beau jeu de dénoncer une terminologie réductrice, opérant une abusive unification de la réalité. Ils font mine d'ignorer qu'une véritable analyse des dynamiques du capitalisme (qui est une forme d'organisation sociale et pas seulement un système économique) se doit d'en faire apparaître la complexité, les contradictions et les mutations incessantes. Il n'empêche que ce terme, associé aux analyses critiques nécessaires, possède la redoutable efficacité de désigner les logiques dominantes (mais ni absolues ni uniques) qui s'imposent dans tous les champs de notre réalité présente. En donnant un nom *commun* à ce qui est rejeté, le terme peut constituer un terrain de rassemblement de luttes multiples. De plus, la notion est implicitement porteuse de son contraire et l'anticapitalisme a

3 À la faveur de la crise économique de 2008, le mot a même fait retour dans le discours officiel et médiatique, ce qui est peut-être une manière de tenter de désamorcer la force critique que ce terme commençait alors à retrouver.

4 C'est le terme de démocratie (largement vidé de son sens) qui ordonne la dénomination dominante de la réalité. Pour celle-ci, « nous vivons dans des démocraties », et non dans un système capitaliste.

effectivement fait retour en plusieurs régions du globe, au milieu des années 2000, à mesure qu'une lutte attelée à la dénonciation des formes néolibérales du capitalisme commençait à montrer ses limites. Parler d'anticapitalisme suscite parfois des réserves, et certains sont gênés par le caractère négatif du terme. Mais c'est là s'en tenir à la forme visible de l'expression, qui contient en réalité, et indissociablement, l'affirmation d'un projet alternatif, lequel ne saurait être défendu sans rejeter en même temps ce qui le nie. La négation du monde de la négation est le point d'ancrage concret de l'impulsion émancipatrice.

Tandis que le partage des expériences et le maillage des luttes s'amplifient, la critique anticapitaliste tend à gagner en acuité. Un pas important consiste à se situer de plus en plus résolument dans la perspective d'un dépassement du capitalisme. Car on peut s'échiner à dénoncer les crimes de celui-ci, tout en s'inclinant finalement devant son apparente invincibilité, ou en renvoyant son hypothétique dépassement à des calendes si lointaines que cela revient pratiquement au même. La critique, alors, ne sert guère qu'à tenter de promouvoir des aménagements au sein du capitalisme lui-même ou, selon l'expression consacrée, à limer les angles les plus aigus du néolibéralisme. C'est là un anticapitalisme inconséquent que l'on qualifiera de *capitulisme*.

Pour combattre ce *capitulisme* si largement répandu, il n'est pas inutile d'intensifier la réflexion sur les alternatives au capitalisme et les potentialités que son dépassement ouvrirait. Au reste, convoquer d'autres mondes possibles (non capitalistes) accentue la relativisation de l'état présent des choses et libère une source d'énergie susceptible d'ébranler son invincibilité supposée. Affiner la critique de l'existant et donner consistance à des univers alternatifs sont des moyens complémentaires de faire vaciller et d'affaiblir le mode de production dominant de la réalité. Par un biais comme par l'autre, il s'agit de travailler à nous détacher de la réalité environnante, à la fois intérieurement, ce qui est déjà loin d'être simple, et pratiquement, dans la mesure du possible. Par la critique, la glaise épaisse qui colle à nos bottes peut redevenir poussière, tomber d'elle-même et cesser de nous paralyser...

D'autres possibles ont déjà commencé à prendre forme et c'est dans le sol de ces expériences concrètes et de leur créativité qu'il convient d'enraciner la réflexion. Ainsi, on prendra appui, dans le chapitre 2, sur l'analyse de la construction d'une autonomie rebelle dans les territoires zapatistes du Chiapas, que l'on proposera de considérer, en dépit de sa modestie apparente, comme l'une des plus remarquables « utopies réelles » mises en œuvre actuellement à travers le monde [5]. Sans avoir nullement vocation à se convertir en modèle, cette expérience d'autogouvernement, mûrie et approfondie sur plus d'une décennie, peut constituer une source d'inspiration pour penser une forme politique non étatique, fondée sur la dé-spécialisation et la réappropriation collective de la capacité à participer aux prises de décision. Il faudra ensuite, dans le chapitre 3, s'aventurer plus loin et explorer les potentialités humaines et civilisationnelles

---

5 On se réfère ici à l'expression proposée par Erik Olin Wright, même si on ne partage pas l'ensemble de ses vues, notamment la manière dont il conçoit une organisation alternative (socialiste) ou encore la possibilité de formes utopiques se développant au sein du capitalisme et en symbiose avec lui (voir, en français, « En quête d'une boussole pour l'émancipation. Vers une alternative socialiste », <www.contretemps.eu/interventions/en-quête-dune-boussole-émancipation-vers-alternative-socialiste-0>, et Vincent Farnéa et Laurent Jeanpierre, « Des utopies possibles aux utopies réelles. Entretien avec Erik Olin Wright », *Tracés*, « Réalité(s) du possible dans les sciences humaines et sociales », n° 24, 2013, p. 231-243).

auxquelles ouvrirait une société libérée de la tyrannie de l'économie capitaliste et de son engrenage productiviste-destructif : il s'agira notamment de penser une organisation sociale capable de soumettre les nécessités productives au principe du « bien vivre » pour tous et aux décisions collectivement assumées qui en découlent. Enfin, considérant qu'il ne saurait exister de voie unique pour sortir du capitalisme, il sera nécessaire, dans le chapitre 4, de mettre en dialogue les anticapitalismes du Nord et du Sud [6]. En effet, bien des critiques menées au Nord restent trop enfermées dans les catégories occidentales et dans l'analyse des réalités spécifiques d'un univers sans doute investi d'une position névralgique mais néanmoins de plus en plus relatif à l'échelle de la population mondiale. Quant à celles qui s'élaborent au Sud, elles glissent parfois de la critique de la domination coloniale-capitaliste vers la dénonciation d'un Occident substantialisé. De telles postures pourraient bien faire surgir de nouvelles failles au sein des dynamiques anticapitalistes. Il est donc indispensable de créer les conditions d'une véritable interculturalité, qui ne saurait reposer ni sur des reliquats d'occidentocentrisme, ni sur la (dé)négation de l'Occident.

Il faut cependant commencer, dans le premier chapitre, par une critique de l'existant. Celle-ci peut être menée sur divers registres [7]. On peut ainsi s'employer à faire apparaître les contradictions internes du capitalisme et à montrer les limites objectives auxquelles il tend à se heurter. Ce type de critique a bénéficié d'un regain de crédibilité à la faveur de la crise économique et financière ouverte en 2008. À l'évidence, la crise

---

6 On admettra volontiers que l'opposition du Nord et du Sud a perdu de sa netteté et demande à être repensée.

7 Sur les registres de la critique et les différentes manières d'affronter la constitution de la réalité, voir Luc Boltanski, *De la critique. Précis de sociologie de l'émancipation*, Gallimard, Paris, 2009.

dévoile les graves dysfonctionnements d'un système qui se targue habituellement d'efficacité. Dans le même temps, la crise écologique pointe des limites géologiques et environnementales indéniables. On crédite généralement cette forme de critique d'une plus grande objectivité, dans la mesure où elle s'inscrit dans l'ordre des faits plutôt que dans celui des jugements de valeur. Pourtant, l'apparente rigueur revendiquée par ce type de critique ne va pas sans quelques pièges. Elle a, par le passé, été étroitement associée au caractère inéluctable de l'effondrement du capitalisme, dont chacun sait qu'il creusait lui-même sa tombe et armait le bras de ses propres fossoyeurs... La vocation « suicidaire » du capitalisme, la démonstration « scientifique » de sa fin programmée, voire l'inscription de celle-ci au registre des lois de l'Histoire viendraient ainsi valider la démarche critique. Pourtant, depuis un siècle et demi, de telles prophéties, fondées sur l'exacerbation des contradictions internes du capitalisme, n'ont cessé d'être démenties, car, au fil des crises et des guerres qui ont jalonné son parcours, celui-ci est parvenu à donner naissance à de nouvelles configurations dans lesquelles les contradictions de ses formes antérieures pouvaient être dépassées, au moins en partie, sans conduire au dépassement du système capitaliste lui-même. Sa redoutable plasticité et son étonnante capacité à transformer en marchandises jusqu'aux éléments qui le contestent ou le mettent en difficulté (y compris les seuils écologiques) permettent d'envisager qu'il lui soit possible de contourner les limites qui font trébucher le mode de production actuel. Que le coût humain et environnemental doive en être sans cesse plus élevé ne fait pas l'ombre d'un doute, mais cela ne suffit pas à remettre en cause la capacité du capitalisme à se reproduire *malgré tout*. Ainsi, bien que la critique du capitalisme fondée sur l'identification de ses contradictions internes soit tout à fait nécessaire, elle peut aussi s'avérer trompeuse dès lors qu'elle prétendrait jouer d'un effet de sérieux et s'imposer par son apparente objectivité [8].

En tout état de cause, cette critique ne peut se suffire à elle-même. Même si elle doit tirer parti de la mise en évidence des dysfonctionnements du système et des difficultés croissantes de sa reproduction, la critique anticapitaliste du capitalisme [9] repose aussi sur un jugement éthique. Ce qui la fonde, c'est l'injustice d'un système qui répartit les ressources matérielles et immatérielles de manière fortement dissymétrique, tout en s'efforçant d'occulter l'inégalité sociale sous le voile de l'égalité formelle ou de la minorer grâce au mythe (quelque peu délabré) de l'ascenseur social. Mais, si l'injustice est subie avant tout par ceux qui occupent les positions les moins favorables, d'autres enjeux, de plus en plus prégnants, concernent une part croissante de l'humanité. Ce qui apparaît alors au premier plan, c'est le caractère *destructeur* du capitalisme. L'incertitude quant aux conditions de survie de l'espèce humaine [10], du fait des degrés désormais atteints de prédation et de dégradation écologique, est en passe de devenir un des ressorts les plus puissants de la critique anticapitaliste, comme on le soulignera dans le chapitre 5. Elle devrait pouvoir mobiliser en sa faveur l'instinct de survie de l'humanité, à condition toutefois d'être capable d'argumenter

---

8 En fait, la distinction suivante s'impose : une chose est d'analyser les contradictions internes du capitalisme, afin d'étayer la compréhension de ses dynamiques et d'être mieux à même d'esquisser les conditions de son éventuel dépassement ; une autre est de décliner ces contradictions en termes de limites absolues, condamnant le capitalisme à une fin inéluctable (et annoncée à plus ou moins brève échéance).

9 Cette apparente tautologie est en fait nécessaire, afin de se démarquer du *capitulisme*.

10 Voir par exemple Yves Paccalet, *L'Humanité disparaîtra, bon débarras !*, Arthaud, Paris, 2006.

qu'il n'existe pas d'issue à cette spirale destructrice au sein même du capitalisme.

Mais le capitalisme ne détruit pas seulement la biosphère. Cela fait quelque temps déjà que Félix Guattari a identifié les trois champs dans lesquels l'intensification de la domination capitaliste produit ses effets ravageurs : destruction de l'environnement, destruction des liens sociaux (au profit d'une atomisation individuelle) et destruction des subjectivités (dégradation de l'expérience, accroissement des pathologies psychiques, sentiment de dépossession et sensation d'un « immense vide dans la subjectivité »)[11]. Trois aspects dont il invitait à saisir les liens : dévastation de la nature, destruction dans l'ordre du social et effondrement dans l'intime, au cœur du sentiment de soi. Dès lors, au-delà même du sursaut possible d'une humanité qui se refuse à produire les conditions de son autodestruction, c'est le sens même de l'humain qui se trouve mobilisé contre l'expansion sans limite des rapports marchands et ses effets morbides, contre la sensation de dépossession qui, sous de multiples formes, s'immisce partout. De l'écart devenu si flagrant entre ce qu'engendre la logique de la marchandise et les besoins humains élémentaires naît également un sentiment d'*absurdité*, marque d'un système qui produit pour la destruction et dont les promesses de croissance et de bien-être dérivent en une croissance du mal-être et de la déshumanisation. Il est plus que probable que la généralisation du principe de la *valeur* (qui fait de l'argent l'équivalent général et la mesure de tout) et son extension à l'ensemble des territoires de l'humain et de la nature

---

11 Félix Guattari, *Les Trois Écologies*, Galilée, Paris, 1989, où – pour revenir au point évoqué au paragraphe précédent – il affirme aussi : « Faut-il, une fois de plus, invoquer l'Histoire ? Au moins en ceci qu'il risque de ne plus y avoir d'histoire humaine sans une radicale reprise en main de l'humanité par elle-même » (p. 71).

(où cette mesure paraît inconvenante, sinon intenable) soient au fondement de ce sentiment d'absurde.

Faut-il continuer à reproduire une séparation entre la dénonciation éthique du capitalisme et une critique rationnelle, affichant les signes de sa rigueur et se drapant dans les indices de la compétence ? N'y aurait-il pas quelque avantage à admettre que les deux démarches peuvent s'entrelacer et jouer de leur complémentarité ? La dissociation entre la part rationnelle et la part émotionnelle de la personne a fait son temps. Au lieu d'être pensées comme exclusives, elles devraient se rejoindre et se nourrir l'une l'autre. C'est pourquoi, si les analyses proposées ici s'efforcent d'être aussi argumentées que possible, on admettra qu'elles s'enracinent dans le refus d'un système d'exploitation, d'oppression, de dépossession et de déshumanisation. Ce qui donne sens à la critique, telle qu'on l'entend dans ce livre, c'est d'abord un cri, tel le « *¡Ya Basta!* » des insurgés zapatistes [12].

Ne sauvons pas le capitalisme, sauvons-nous de lui ! *En Colombie, des jeunes gens, appâtés par la promesse d'un travail, sont conduits loin de chez eux puis abandonnés en rase campagne, où ils sont tirés comme des lapins par des militaires qui, inscrivant ces morts à leur palmarès, s'assurent d'une bonne évaluation et des avantages matériels correspondants* [13].

---

12 Tous les aspects qu'implique la mise en œuvre de cette société ne pourront être abordés dans ce livre. Quoique strictement essentielles, les questions relatives à l'abolition des formes de domination et de répartition inégale des tâches entre hommes et femmes et, plus largement, au statut de la distinction de genre sont laissées ouvertes aux réflexions menées par d'autres. Chacun.e peut se référer, parmi les nombreux/ses auteur.e.s, qui en traitent, à ceux/celles dont il/elle se sent le/la plus proche.

13 Cette pratique, dite des « faux positifs », ayant été rendue publique, le président Alvaro Uribe a été contraint de destituer, le 29 octobre 2008, trois généraux et vingt-quatre autres officiers.

En Italie, les syndicats obligent les travailleurs de l'automobile à accepter leur démission pour signer ensuite de nouveaux contrats prévoyant des salaires inférieurs et des avantages réduits. Au Japon, un quart des lycéennes se prostituent, afin de s'acheter maquillage et vêtements à la mode. En France, des écoliers se font racketter par d'autres, qui en veulent à leur MP3 ou à leurs chaussures de marque. Au Mexique, plus d'un tiers des enfants souffrent d'obésité, mais les parlementaires repoussent une loi visant à limiter la publicité des produits alimentaires industrialisés (diffusée sur les chaînes principales au rythme de onze spots par heure de programmation infantile). À travers le monde, des paysans, victimes de la propagation des pollens transgéniques qui contaminent leurs propres semences, sont contraints de payer des amendes aux géants de l'agroalimentaire ou sont emprisonnés, au motif qu'ils font usage de produits sous brevet, alors même qu'ils auraient voulu s'en protéger. Partout, les compagnies aériennes calculent le meilleur rapport entre les dépenses de maintenance des avions et le coût des accidents, en sachant que la baisse des premières augmente la probabilité de ces derniers, de sorte que les vies humaines deviennent un simple paramètre économique.

Le relevé des aberrations qui prolifèrent dans la géographie du monde actuel pourrait continuer, presque sans fin. À chaque fois, une même logique : celle de l'argent, et l'impératif du profit qui l'emporte sur les plus élémentaires exigences de santé, de vie et de préservation des équilibres écologiques. Mais le plus grave est que ces normes se diffusent dans le corps social et jusque dans les subjectivités individuelles. On mesure ce que l'on est à ce que l'on a. On sacrifie au culte des apparences et à l'obsession de la performance. Partout, des armées colombiennes jusqu'aux universités et aux hôpitaux *européens, doivent régner les mêmes critères et les mêmes comportements que dans les entreprises et les supermarchés : quantification, efficacité, rentabilité, évaluation des résultats. La logique marchande approfondit chaque jour un peu plus l'ampleur du désastre. Et les exemples mentionnés à l'instant ne sont rien encore, comparés à la catastrophe écologique que le productivisme capitaliste a déclenchée et que, l'exigence du profit à court terme prévalant, il ne saurait enrayer.*

Puisque l'existence même de l'espèce humaine est en péril, l'enjeu écologique oblige à reconfigurer toutes nos analyses. Si nous ne nous débarrassons pas du capitalisme, c'est lui qui nous détruira. Il est donc urgent d'élargir le « nous » de tous ceux qui sont disposés à partager ce « non » au capitalisme. À clamer et à assumer leur refus d'une société fondée sur la marchandise, qui nous vole nos vies et fait de nous des dépossédés, dépossédés de notre travail, de notre temps, de notre créativité, de notre humanité, de notre capacité à partager, de notre dignité. Une société où même ceux qui croient sauver la mise peuvent tout perdre dans le jeu de roulette folle où se multiplient égocentrismes agressifs, solitudes dépressives et faux désirs addictifs, absence de communauté et vacuité au creux de l'être.

Non, nous ne sommes plus disposés à sacrifier à la divinité Marchandise, ni à confier le contrôle de nos existences aux grands prêtres de la Loi de l'argent. Nous ne sommes plus disposés à ravaler notre colère, à nous soumettre à l'inacceptable au nom d'un réalisme devenu criminel, ni à conjuguer lucidité critique et résignation pratique.

Une digne colère gronde. Elle dit non au capitalisme et oui à d'autres mondes possibles. Elle sait que la lutte contre le capitalisme est la lutte pour l'humanité.

CHAPITRE 1

Le capitalisme, système humanicide

« Nous entrons en terrain inconnu. »
Rapport du FMI,
janvier 2009

Quelle ampleur et quel sens attribuer à la séquence ouverte à l'été 2007 et devenue explosive un an plus tard [1] ? Dira-t-on qu'elle a fait vaciller la légitimité du capitalisme et sa capacité à apparaître comme un système stable et durable ? Ou bien que ces épisodes n'apportent rien de fondamentalement nouveau, tant le néolibéralisme nous a habitués à vivre dans une atmosphère de crise permanente ? On sait en effet que celle-ci est devenue, depuis plusieurs décennies, l'instrument privilégié d'une « stratégie du choc » qui justifie toutes les réformes au nom de l'effort indispensable pour surmonter une situation présentée comme

1 On connaît la séquence : crise des *subprimes* (août 2007), faillite de Lehman Brothers (septembre 2008) puis d'autres institutions bancaires, débâcle boursière, consumation massive d'actifs, récession mondiale, destruction de millions d'emplois et augmentation de la pauvreté. Le bilan de la crise en termes d'emploi (30 millions d'emplois perdus) a été dressé par le Fonds monétaire international (FMI), dans son bulletin de septembre 2010. L'économie mondiale a reculé de 0,5 % en 2009 (celle des pays développés de 3,25 %), tandis que la contraction du commerce mondial atteignait 12 % (FMI, rapport annuel 2010).

critique[2]. Bref, le néolibéralisme apparaît comme un *état de crise*, alimenté par le tour du monde des krachs financiers et instrumentalisé aux fins d'un gouvernement par la peur. Pourtant, la crise ouverte en 2007-2008 ne saurait être tenue pour un simple artifice des techniques de gouvernance néolibérales, ni traitée sur le mode des désordres boursiers antérieurs. Son ampleur est inédite (depuis 1929-1933) et elle a été qualifiée, à juste titre, de *première crise globale du monde globalisé*. À la différence des crises régionales et des « bulles » à éclatement périodique qui l'ont précédée, elle avait cette fois pour épicentre la principale économie mondiale et le cœur des marchés financiers planétaires.

Une crise, oui, mais de quoi ?

En 2010, la reprise de la croissance et la récupération boursière ont fait prévaloir le sentiment d'un retour à la normale et ont renvoyé la « grande peur d'octobre 2008 » dans un passé déjà lointain[3]. Il est vrai que la réaction des États, rapide et massive, a permis d'enrayer, à coups de centaines de milliards de dollars et d'euros, la chaîne des faillites qui s'annonçaient dans la finance et l'industrie[4]. Mais ces interventions, entraînant une

2 Naomi KLEIN, *La Stratégie du choc. La montée d'un capitalisme du désastre*, Actes Sud, Arles, 2008. Même la crise écologique est transmuée par le catastrophisme officiel en mobile d'une gouvernance renforcée, exercée au nom des impératifs du vivant ; voir René RIESEL et Jaime SEMPRUN, *Catastrophisme, administration du désastre et soumission durable*, Éditions de l'Encyclopédie des Nuisances, Paris, 2008.

3 L'expression est d'Anselm Jappe, qui analyse les dimensions de la crise et son approfondissement sous l'effet de l'expansion du crédit (*Crédit à mort. La décomposition du capitalisme et ses critiques*, Lignes, Paris, 2011).

4 L'intervention rapide des États a freiné un processus qui semblait en passe de conduire à une récession d'une intensité comparable à celle de 1929-1933. Le sauvetage de Freddie Mac et Fanny Mae, de AIG, puis

accentuation des déficits et une envolée de l'endettement, n'ont fait qu'ouvrir un nouveau cycle de difficultés économiques et de tensions sociales, dont la crise grecque a été, jusqu'à présent, la manifestation la plus aiguë [5]. Tout en renforçant un peu plus encore la soumission des États, à genoux devant les grands investisseurs financiers et suspendus aux oracles des agences de notation, l'échappatoire provisoire à la crise n'a fait qu'intensifier les contradictions liées à l'expansion du crédit, qui étaient en grande partie à l'origine de la crise elle-même. S'y ajoute désormais le cercle vicieux entre le surendettement qui oblige à des politiques d'austérité et le fait que ces dernières restreignent la capacité de consommation et accentuent les tendances récessives. Il n'est donc pas étonnant que les perspectives de l'économie se limitent à une croissance faible et fragile, sans exclure la récession dans certaines zones centrales du système-monde [6], et pour ne rien dire – puisque les mêmes processus de surinvestissement entraînent les mêmes effets – des menaces d'éclatement annoncé des prochaines « bulles » (celle de

---

ceux de General Motors et Chrysler ont été décisifs. Doté de 700 milliards de dollars, le Plan Paulson de septembre 2008 a été suivi notamment par les plans britannique (380 milliards d'euros), allemand (480 milliards) et français (360 milliards).

5 Le rapport 2010 du FMI estime que le ratio moyen entre la dette et le PIB des pays développés dépassera 100 % en 2014, soit 35 % de plus qu'avant la crise (la dette elle-même a augmenté de 50 % aux États-Unis entre 2005 et 2010, de 84 % au Mexique et de 40 % en France). Mais ce n'est là que l'accentuation d'une caractéristique propre à la phase néolibérale : en France, par exemple, la dette publique ne représentait que 20 % du PIB en 1980, pour grimper à 64 % en 2007 et 86 % en 2011. Sur la crise de l'endettement, voir François Chesnais, *Les Dettes illégitimes. Quand les banques font main basse sur les politiques publiques*, Raisons d'Agir, Paris, 2011.

6 Selon la Banque centrale européenne (BCE, septembre 2013), le PIB de la zone euro s'est contracté de 0,5 % en 2012 et devrait subir une baisse de 0,4 % en 2013.

l'immobilier en Chine pourrait s'avérer d'une ampleur plus considérable encore que celle qui a déclenché la crise des *subprimes* en 2007).

Les déséquilibres sur lesquels reposait l'essor antérieur de l'économie mondiale ont donc commencé à apparaître au grand jour. La crise a dévoilé l'ampleur des pratiques financières occultes et a montré la fragilité de l'échafaudage ubuesque du crédit qui avait permis, au prix d'une folle course en avant, de maintenir la demande des ménages européens et nord-américains, afin de soutenir la croissance mondiale. Plus généralement, elle semble indiquer la limite du régime de croissance néolibéral, reposant sur une contraction des salaires et un fort endettement public et privé, sans qu'on ne voie guère d'options pour en sortir et échapper à une situation chronique de suraccumulation [7]. Même si une relative récupération, par rapport à 2008-2009, a conduit à remiser bien vite les plus sévères avertissements de la crise au vestiaire des bonnes intentions, celle-ci n'en a pas moins ébranlé la confiance absolue dans les effets bénéfiques de la dérégulation financière et marqué un premier effondrement de la convention d'optimisme qui régissait jusque-là le fonctionnement des marchés. Les événements actuels dessinent les traits d'une « très grande crise [8] », sans pour autant impliquer qu'elle conduise nécessairement à l'écroulement du capitalisme.

Rien de tout cela ne signifie que nous soyons entrés dans la séquence d'une crise finale du capitalisme. Depuis une vingtaine d'années, Immanuel Wallerstein soutient pourtant cette thèse d'une phase terminale du système capitaliste, c'est-à-dire

---

7 François Chesnais, « Aux racines de la crise économique », *Carré rouge*, n° 46, décembre 2011, <www.carre-rouge.org/spip.php?article440>.

8 François Chesnais, *Les Dettes illégitimes*, *op. cit.*

d'un moment de bifurcation systémique qui engendre chaos et incertitude, et dans lequel l'action humaine retrouve une capacité d'influer sur le devenir historique qu'elle ne possède pas dans les périodes de plus grande stabilité [9]. Ses thèses favorisent chez certains une interprétation qui tend à faire des soubresauts actuels les manifestations de cette crise finale du capitalisme. Pourtant, habitué aux analyses inscrites dans la longue durée, Immanuel Wallerstein a la prudence d'indiquer que cette phase terminale pourrait se prolonger jusqu'aux alentours de 2040-2050. Ceci laisserait donc la place à un nouveau cycle d'expansion capitaliste, de sorte que le sens que revêt pour lui la notion de phase finale du capitalisme est assez éloigné de la compréhension spontanée à laquelle cette expression se prête parfois. Assumant l'imprévisibilité des processus historiques, Immanuel Wallerstein conjugue en quelque sorte la possibilité de bouleversements presque immédiats et celle de leur report dans l'indétermination du moyen terme.

Écartant la certitude d'être déjà dans le temps de la fin, on préférera s'en tenir à l'idée que la crise agite la question des destinées du capitalisme, mais sans la moindre garantie quant aux réponses qui résulteront de la combinaison des dynamiques systémiques et des modes d'engagement et de lutte des uns et des autres. En tout état de cause, il importe de reconnaître la plasticité du capitalisme qui, depuis 1848, déjoue tous les pronostics relatifs à sa fin inéluctable. Sa capacité à se transformer, à contrecarrer ses propres dysfonctionnements et à se réorganiser ne saurait être sous-estimée, même si l'on peut aussi admettre qu'il bute désormais sur des contradictions et des limites sans cesse plus ardues à surmonter, notamment du fait de la

9 Voir notamment Immanuel WALLERSTEIN, *Comprendre le monde. Introduction à l'analyse des systèmes-monde*, La Découverte, Paris, 2006.

difficulté à réinvestir des capitaux dont le volume croît exponentiellement et à étendre suffisamment la sphère de la valeur pour réaliser des profits conséquents [10]. Certes, la relance de la production-pour-le-profit paraît encore envisageable, mais au prix de tensions et de problèmes dont l'échelle ne cesse de croître. On ne saurait affirmer sans péril que le capitalisme bute sur une limite absolue, mais il est sans doute raisonnable de considérer que la crise ouverte en 2007-2008 révèle les obstacles de plus en plus massifs que la dynamique du capitalisme doit surmonter ou contourner pour continuer à se perpétuer. L'ensemble des contradictions déjà soulignées (spirale de l'endettement et du crédit, croissance exponentielle des capitaux à réinvestir, restriction tendancielle du travail vivant nécessaire, caractère limité des ressources naturelles fossiles, conséquences de la dégradation des écosystèmes et du changement climatique) semble condamner la reproduction du capitalisme à acquérir un caractère de plus en plus *tensif*, au sein d'un dispositif d'ensemble sans cesse plus complexe et porteur de lourdes contraintes. C'est au cœur de telles tensions que

---

10 David Harvey a clairement souligné les effets du changement d'échelle de l'économie mondiale (PIB multiplié par dix entre 1950 et 2000) : cela signifie que les quantités de capitaux qui doivent être investies chaque année augmentent exponentiellement et atteignent des niveaux tels qu'il est de plus en plus difficile de trouver de nouveaux champs de profit potentiel (David Harvey, *Géographie de la domination*, Les Prairies Ordinaires, Paris, 2008, ainsi que « Is this really the end of neoliberalism ? », mars 2009, <www.counterpunch.org/harvey03132009.html>). C'est la raison pour laquelle les difficultés actuelles du système capitaliste peuvent être caractérisées comme une crise prolongée de suraccumulation et c'est sans doute aussi pourquoi la recherche d'occasions d'investissement pour des capitaux en quantité sans cesse plus démesurée confère à la croissance capitaliste un tour de plus en plus irrationnel, contraire aux nécessités humaines et écologiques, et pour tout dire tendanciellement absurde.

l'insubordination suscitée par les coûts humains et écologiques de la reproduction d'un tel système vient se loger.

Dès les premières étapes de la crise, il était possible d'observer certains réaménagements, ce qui laisse penser que ces processus étaient déjà engagés antérieurement. Le trait le plus marquant de ces reconfigurations est le déclin de l'hégémonie absolue des États-Unis, que l'échec de la restauration bushienne de l'impérialisme unilatéral a accéléré. Même s'il faut se garder de vendre trop tôt la peau du tigre de papier – lequel conserve de beaux muscles d'acier –, le statut du billet vert comme devise de référence semble fortement ébranlé [11]. Et si les puissances du G8 ont dû intégrer les grands pays émergents au pilotage de l'(in)gouvernabilité économique mondiale, ce n'est pas par l'effet d'un *mea culpa* postcolonial, mais parce qu'elles ont désormais besoin de leur coopération, notamment celle de la Chine, de l'Inde et du Brésil. De même, si les fanatiques du libre marché ont dû mettre un peu d'eau dans leur vin antiétatique, ce n'est pas par une soudaine conversion « socialiste », mais parce qu'ils savent pertinemment que, comme au lendemain de 1929, seul l'État peut sauver le capitalisme et ouvrir de nouveaux fronts aux appétits de profit. Il n'y a lieu ni de s'en étonner (depuis les origines du libéralisme, l'État fait office de garant en dernier recours du marché supposément libre), ni de s'en offusquer : sauver les banques à coups de centaines de milliards de dollars ou d'euros (pris sur les budgets publics) relève de la stricte logique d'un système dont l'amoralité est une caractéristique intrinsèque. Il n'empêche que de telles mannes pourraient modifier la donne : en révélant, avec une absolue clarté, le

---

11 Le déclin prononcé de l'hégémonie des États-Unis ne signifie évidemment pas sa disparition immédiate ; voir Immanuel WALLERSTEIN, *Sortir du monde états-unien*, Liana Levi, Paris, 2004.

rôle central joué par l'État dans la reproduction de l'économie capitaliste, elles mettent en porte à faux le discours néolibéral qui prétend le délégitimer et rendent plus difficile à justifier la pénurie budgétaire sans cesse opposée aux demandes sociales. Même dans le cadre de la frêle démocratie de marché, l'océan du cynisme ne peut déferler (mais qui sait ?) sans concéder au Grand Bailleur de fonds un minimum de crédibilité. C'est pourquoi, à l'automne 2008, le discours néolibéral est passé du statut de pensée unique triomphante à la plus complète déroute (sans pour autant que cela conduise à une véritable inflexion des pratiques) [12]. À dire vrai, l'épuisement du premier cycle néolibéral avait déjà été sanctionné par le discrédit du Consensus de Washington, devenu patent lors la crise argentine de 2001, puis à l'occasion des échecs répétés de l'Organisation mondiale du commerce (OMC), notamment à Cancún en 2003.

Évoquera-t-on alors une transition vers une phase nouvelle, au-delà des trois décennies du néolibéralisme triomphant, au-delà aussi d'un demi-siècle d'hégémonie absolue des États-Unis ? Une nouvelle configuration ne serait du reste pas sans avantages pour l'exercice de la domination systémique. Du point de vue des mouvements antisystémiques, en revanche, une relégitimation, même très partielle, des États pourrait déjouer les critiques que le néolibéralisme avait commencé à susciter et, ainsi, défaire les convergences transnationales tissées à la faveur des mobilisations altermondialistes. Le danger est que la multipolarité globale et la nouvelle stature des puissances émergentes ne désarment une critique anti-impérialiste

---

12 Un symbole de cette « déroute » : Alan Greenspan, président de la Réserve fédérale de 1987 à 2006, affirmait, à l'automne 2008, que la politique monétaire à laquelle son nom était attaché reposait sur une faille (« *a flaw* ») et soulignait l'« *intellectual failure* » des conceptions fondées sur l'autorégulation des marchés.

ou postcoloniale qui pourrait fort bien s'identifier aux intérêts national-capitalistes des nouveaux géants du Sud.

Mais s'agit-il vraiment de la fin du néolibéralisme ? Peut-être en partie, si l'on entend par là le modèle de politique économique dominant depuis les années 1980, caractérisé par la dérégulation financière, la libéralisation des flux de capitaux, les privatisations, la contraction des dépenses publiques (hors service de la dette) et une redéfinition restrictive du rôle de l'État. Disons au moins que la mort du Consensus de Washington, proclamée par la Banque mondiale elle-même dans son rapport de 2007, et la défaite idéologique du néolibéralisme dans sa version années 1990, entérinée par la crise, obligeront à vendre ses objectifs essentiels sous un autre emballage. Mais l'affaire est plus complexe. Les discours annonçant la fin du néolibéralisme se mêlent à l'apparent retour en grâce du keynésianisme. Dans la grande braderie des « ismes », on ne recule devant aucun sacrifice, puisque c'est par le nom de socialisme que les médias se sont évertués à qualifier une opération massive de socialisation des pertes des entreprises. Et, aux États-Unis, il aura suffi, pour s'emparer de l'étiquette de rooseveltisme, d'y ajouter une relance par l'investissement, un brin de soutien aux ménages et un appel à la confiance indexé sur la fonction relégitimante dévolue à un président d'ascendance africaine. Mais y a-t-il place pour un keynésianisme plus conséquent ?

Certains pensent qu'une gauche digne de ce nom pourrait, par l'effet d'une lucidité politique qui, à l'évidence, manque cruellement et grâce au rapport de forces qu'elle contribuerait à créer, faire à nouveau de l'État un instrument permettant de contraindre la sphère de l'économie et du profit, ou du moins de la délimiter. C'est au niveau européen, par exemple, qu'il serait possible de restaurer et d'étendre de véritables services publics, d'imposer la défense de l'appareil productif et de l'emploi, ce qui impliquerait assurément le retour à un protectionnisme sévère. Les tenants de cette posture néokeynésienne supposent ainsi que l'État (national ou supranational) peut être un outil efficace pour contrôler le capitalisme et ménager, à côté de la sphère marchande, un domaine où prévaudraient l'intérêt collectif et des formes de vie sociale préservées des logiques de profit. Une telle position a sous-tendu la plupart des critiques du néolibéralisme et a été largement présente dans les mouvements altermondialistes. Elle peut sans doute tirer parti du fait que, face à la crise, le système capitaliste se voit contraint d'opérer des réajustements allant en sens inverse des tendances des décennies antérieures. Un mot magique (régulation) en chasse un autre (dérégulation), et se met lentement en place l'affichage de quelques mesures visant à atténuer l'opacité du fonctionnement des fonds spéculatifs et des institutions bancaires en général, à soumettre les paradis fiscaux à un minimum de contrôles, sans compter un soutien aux investissements teinté de vert pâle. Mais il ne saurait s'agir que d'inflexions restreintes, sinon marginales, et la saveur keynésienne prêtée à la sortie de crise a tout d'un faux-semblant [13].

Ruptures historiques du néolibéralisme

Pour essayer d'y voir un peu plus clair, la réflexion sur les particularités des trente dernières années doit être inscrite dans une perspective plus large. En effet, les décennies

13 Le pronostic d'un capitalisme bureaucratique et écologique, assurant la relance par l'écocompatibilité (René Riesel et Jaime Semprun, *Catastrophisme, op. cit.*), revient à envisager un néokeynésianisme vert. Sans doute est-ce l'une des rares options susceptibles d'offrir au capitalisme un champ d'investissement à la hauteur des difficultés du moment, mais on peut douter qu'il ait les moyens de la mettre en œuvre.

néolibérales ne s'opposent pas seulement au compromis keynésien-fordiste des Trente Glorieuses, mais constituent aussi une rupture plus profonde, prenant sens dans une histoire longue du capitalisme.

En tant que système global, le capitalisme se constitue entre le milieu du XVIIIe siècle et les premières décennies du XIXe siècle. Il recompose alors des pratiques productives et des formes sociales qui existaient en partie antérieurement, mais en les agençant de manière radicalement neuve au sein d'un mode de production dominé par la fabrique, la séparation entre producteurs et moyens de production, la constitution d'un marché du travail et l'extension du salariat. L'économie émerge alors comme sphère autonome et dominante, amenée à fonctionner selon sa propre logique, en même temps que s'affirme la notion même d'économie, au sens actuel du terme. S'impose également une nouvelle représentation de l'homme, mû par la recherche du gain et agissant pour satisfaire ses désirs : pour la première fois dans l'Histoire, la société fait de l'intérêt personnel sa valeur cardinale. Pourtant, bien qu'elle joue désormais un rôle majeur, l'économie, en tant que sphère de production des richesses permettant d'assouvir l'insatisfaction postulée des humains, n'étend pas sa loi à l'ensemble de la société. Pour Adam Smith, il s'agit d'articuler l'intérêt (dans l'ordre économique) et la sympathie (dans l'ordre moral), de sorte que l'État a un rôle à jouer, discret mais décisif, non seulement pour assurer les conditions de fonctionnement du libre marché mais aussi pour garantir le respect des règles de civilité et le progrès des mœurs. Tout au long du XIXe siècle, d'autres sphères – tout particulièrement l'État et les institutions qui lui sont liées, comme l'école ou l'armée – maintiennent, voire renforcent leur fonctionnement partiellement autonome, fondé sur des normes et des principes propres, même s'il est clair que ces institutions contribuent à la bonne marche du système capitaliste. Ces valeurs propres sont en premier lieu celles des diverses mythologies nationales, qui s'élaborent alors et que l'école inculque aux futurs citoyens. Dans la mesure où le capitalisme se développe dans le cadre des États et sur la base des marchés nationaux, il n'est pas trop aventureux de soutenir que la forme État-nation et son idéologie ont contribué au fonctionnement de l'économie capitaliste (l'unification du marché national étant confortée par un sentiment d'appartenance patriotique pouvant aller jusqu'au sacrifice de soi). En même temps, l'école républicaine a pu être le terrain d'affirmation de valeurs telles que le respect du savoir, l'intérêt général et le dévouement au bien commun, qui pouvaient prendre une coloration nettement socialiste. Ainsi, durant l'essentiel de son parcours historique et quoiqu'on puisse le définir comme la première société de l'économie, le capitalisme a adossé le fonctionnement de cette dernière à des dispositifs institutionnels hors économie, dotés d'un caractère disciplinaire et hiérarchique marqué. C'est sans doute la raison de l'ambiguïté fondatrice du libéralisme qui, selon des dosages variables en fonction des conjonctures et du jeu des affrontements idéologiques, se doit tout à la fois de contenir l'intervention de l'État et d'admettre son rôle indispensable pour établir et préserver les conditions de la liberté.

Un tel agencement a fonctionné, selon différentes configurations, jusqu'aux années 1970. On bascule alors d'un système capitaliste appuyé sur les institutions disciplinaires de l'État et son idéologie de l'intérêt général, à un capitalisme fondé sur la généralisation des normes de l'économie. Le hors-marché qui faisait tenir la sphère marchande se délite peu à peu et ouvre au vide éthique que l'on qualifie communément de « crise des valeurs ». Les institutions disciplinaires perdent leur autonomie et leur idéal propre, dont le maintien est dénoncé comme un archaïsme appelant la réforme. Dire que l'on passe au tout-marchand serait sans doute abusif, mais le fonctionnement articulé de sphères autonomes (économie, État, éducation, science, etc.) cède la place à un système où l'étanchéité relative de ces champs cesse d'être valorisée. L'imposition directe des exigences liées au fonctionnement économique s'accentue, sans que cela signifie que le rôle de l'État soit nié, puisqu'il fait toujours figure de garant en dernière instance de la solvabilité financière et doit même jouer un rôle particulièrement actif pour conformer la société aux normes requises par l'économie [14]. Au total, on glisse du capitalisme disciplinaire des États-nations, où, tout en s'épaulant mutuellement, les sphères de l'économie et de l'État répondaient à des normes propres et influaient de manière différenciée le champ social, à un capitalisme sécuritaire mondialisé, caractérisé par une forme managériale de l'État et un formatage de plus en plus généralisé des conduites sociales par la logique de l'économie.

S'il en est bien ainsi, la phase néolibérale ne s'oppose pas seulement au compromis keynésien-fordiste qui a porté l'essor des Trente Glorieuses. Elle rompt plus profondément avec l'agencement qui structurait la société capitaliste depuis la formation des États-nations, au cours du XIXe siècle. C'est dans cette

---

14 Comme le souligne Maurizio LAZZARATO (*Expérimentations politiques*, Amsterdam, Paris, 2009), le néolibéralisme ne signifie pas que l'État disparaît face aux diktats du marché, mais qu'il met ses techniques de gouvernementalité au service du marché. L'État joue même un rôle décisif dans la transformation néolibérale du rapport entre le social et l'économique : tandis que l'État-providence préservait une certaine autonomie du social, l'État néolibéral est l'agent de la pleine soumission de la société à l'économie. Ce livre est aussi une lecture distanciée de *Naissance de la biopolitique* de Michel Foucault (Gallimard-Le Seuil, Paris, 2004), dont Maurizio Lazzarato reprend la distinction entre société disciplinaire et société sécuritaire.

perspective qu'il convient de ressaisir les principales tendances observables au cours des trois ou quatre dernières décennies.

Constitution du marché mondial

La principale de ces évolutions est assurément la constitution d'un marché mondial unique. Dans sa phase néolibérale, le capitalisme a vraiment créé un tel marché, vers lequel il tendait mais qui n'avait jamais existé auparavant [15]. Cela a supposé le passage d'un système fondé sur les marchés nationaux et leurs extensions impériales à un marché très largement ouvert au niveau mondial, ce que l'essor des entreprises multinationales avait amorcé dès les années 1960. Bien que les formes directes ou indirectes de protectionnisme n'aient pas été entièrement éliminées, les échanges commerciaux mondiaux ont été démultipliés, au cours des trois dernières décennies, à un rythme nettement supérieur à celui de la croissance de la production, entraînant un degré inédit d'ouverture et d'interdépendance des économies nationales. Phénomène constant dans l'histoire du capitalisme, le processus d'effacement des obstacles spatiaux à la circulation des marchandises s'est fortement accéléré, provoquant un saut d'échelle considérable dans l'extension de l'espace économique de concurrence. La mise en œuvre d'un marché mondial unique des capitaux a été poussée plus loin encore et la démultiplication des flux financiers a été

---

15 François CHESNAIS, *La Mondialisation du capital*, Syros, Paris, 2e édition, 1994 et « La crise climatique va se combiner avec la crise du capital », novembre 2008, <www.alterinter.org/article2702.html> : la dérégulation et la libéralisation des flux de capitaux, mais aussi l'intégration directe du bloc soviétique et de la Chine à l'économie planétaire, ont contribué à la réalisation effective du marché mondial, lequel n'était encore chez Marx qu'une anticipation.

spectaculaire. Tout en se combinant à de fortes restrictions à la circulation des personnes (afin de disposer d'une réserve de main-d'œuvre illégale et docile), la constitution du marché mondial a permis un ample mouvement de transfert du capital productif et de délocalisation des industries et des services. Cette mise en concurrence des travailleurs à l'échelle mondiale a permis d'imposer, au Sud, des formes d'hyperexploitation allant parfois jusqu'à la quasi-servitude et, au Nord, une sévère dégradation des salaires et des conditions de travail, sous la menace des délocalisations et du chômage.

Se conjuguant à la mutation des formes de travail, dont les exigences de productivité se mesurent à la généralisation d'un stress professionnel pathogène sinon mortifère, la constitution du marché mondial unique a eu un effet essentiel, qui constituait l'enjeu majeur de la réorganisation néolibérale : la reconstitution des taux de profit, mis à mal à la fin du cycle précédent par la pression sociale, le régime de hauts salaires et le coût de l'État-providence. La mise en concurrence mondiale des travailleurs a permis une très efficace modification de la répartition entre revenus du travail et revenus du capital, dont il est résulté une vertigineuse accentuation des inégalités sociales (aux États-Unis, le rapport entre le salaire des principaux dirigeants d'entreprise et le salaire moyen, qui était de 1 à 40 en 1980, a grimpé jusqu'à 1 à 300 en 2000) [16]. Mais l'essor du marché mon-

16 Dans les pays de l'OCDE, la part de revenu des 20 % les plus riches de la population (quintile supérieur) a fortement augmenté, celle du quintile inférieur (les 20 % les plus pauvres) est restée à peu près stable et celle des quintiles médians a diminué, plus ou moins fortement selon les pays (*Évolution des inégalités de revenus en France et dans les pays OCDE*, OCDE, 2005). Aux États-Unis, la part du quintile supérieur a grimpé de 43,7 % en 1973 à 50,4 % en 2005 (celle des 5 % les plus riches augmentant plus rapidement encore, de 16 % à 22 %), tandis que la part du quintile inférieur baissait de 4,2 % à 3,4 %. Les inégalités se sont égale-

dial a aussi entraîné une compétition intercapitaliste accrue, avec l'affirmation, dans le peloton de tête des entreprises transnationales, du capital chinois, indien, brésilien ou russe notamment.

Une autre conséquence majeure de la formation du marché mondial est l'interdépendance inédite des économies nationales (et des blocs supranationaux). Chaque État ou groupe d'États se trouve fortement contraint par la logique d'ensemble d'un système de plus en plus complexe qui repose sur la circulation de flux mondiaux, sur l'interconnexion et la mise en concurrence de tous avec tous. L'interdépendance entre les principales économies planétaires est bien illustrée par la façon dont les États-Unis et la Chine « se tiennent » mutuellement : la Chine par l'ampleur phénoménale de ses réserves en dollars, à la gestion desquelles le statut même de la devise de référence reste suspendu ; les États-Unis par le fait qu'ils demeurent le marché par excellence des produits « made in China ». Jusqu'à preuve du contraire, ils ont tant besoin l'un de l'autre que, malgré les intérêts divergents qui peuvent à l'occasion apparaître sur le devant de la scène, ils ne peuvent que demeurer solidaires, dans la croissance comme dans la crise. On voit mal, dans de telles conditions d'interdépendance, devenues structurelles, comment un pays (ou un groupe de pays) pourrait se soustraire aux règles du jeu en vigueur dans l'ensemble du système mondial, sans avoir à souffrir des mesures de rétorsion auxquelles cette posture l'exposerait inévitablement.

---

ment accrues dans la plupart des pays latino-américains et ont fait un bond record en Chine, où le coefficient de Gini (mesure du rapport entre les tranches de population et les parts de revenu distribué) est passé de 0,28 en 1981 à près de 0,45 en 2001 (Pierre SALAMA, *Le Défi des inégalités. Amérique latine/Asie : une comparaison économique*, La Découverte, Paris, 2006).

Tyrannies et mutations du travail

Il est devenu banal d'évoquer la crise du travail, voire la fin de celui-ci. Dans le capitalisme, la source essentielle du profit est l'exploitation de la force de travail. Or les contraintes de la concurrence poussent à diminuer sans cesse le temps de travail incorporé dans chaque produit. La contradiction a pu, jadis, être surmontée par l'extension des marchés et l'invention de nouveaux produits. Mais, aujourd'hui, les innovations concernant les procédés de production vont plus vite que les innovations concernant les produits. C'est sans doute ce qui explique que les cycles de croissance et surtout les cycles de profits engendrés par chacun des nouveaux produits (électronique domestique, micro-informatique, téléphones portables, etc.) soient de plus en plus brefs. Dans son *Manifeste contre le Travail*, le groupe Krisis en conclut que « le capitalisme se heurte ainsi à une limite historique absolue », dès lors que l'« idole Travail » produit sa propre ruine [17]. Toutefois, malgré l'importance de ce texte, le propos est peut-être ici biaisé par une approche trop focalisée sur les seuls pays occidentaux. Les prolétaires sont-ils en train de disparaître ou ont-ils été simplement repoussés au loin, dans les usines du Sud ou, à nos portes mais invisibles, dans les arrière-cuisines du Nord ? À l'échelle

17 Groupe Krisis, *Manifeste contre le Travail*, Léo Scheer, Paris, 2002. On renvoie aussi à l'œuvre essentielle de Moishe Postone, *Temps, travail et domination sociale. Une réinterprétation de la théorie critique de Marx*, Mille et une nuits, Paris, 2009, notamment p. 541, où l'auteur fait valoir une « contradiction croissante entre la nécessité et la non-nécessité du travail », ce qui suggère à la fois le *maintien* du type de travail que les hommes continuent d'accomplir sous l'effet des impératifs de la valeur et son caractère de plus en plus *superflu* au regard des seules exigences de l'existence humaine. Il en résulte « un fossé croissant » entre le travail effectivement accompli et ce que pourrait être l'activité humaine dans une société qui ne serait plus médiatisée par le travail.

mondiale, le travail salarié ne continue-t-il pas de se développer au rythme de la déruralisation, particulièrement massive en Asie [18] ? Nous sommes loin encore de la fin du travail et il est par ailleurs douteux que l'on puisse fixer au capitalisme une limite absolue, si ce n'est celle d'une possible destruction de l'espèce humaine. Reste que l'essor de la productivité a des conséquences dont on ne saurait minorer la portée. Selon certains experts systémiques, il est si intense que, au cours du XXIe siècle, un cinquième seulement de la population active sera en mesure d'assurer l'ensemble de l'activité économique mondiale [19]. Même si l'estimation peut être discutée, la tendance est claire et il en résulte une situation de plus en plus difficile à tenir dans le cadre du système capitaliste, à la fois par la crise sociale qu'elle implique et par la raréfaction du profit qu'elle engendre. Elle conduit à une radicalisation de la contradiction, sans cesse plus cruciale, entre production et consommation (comment ces surnuméraires de la production peuvent-ils jouer leur rôle de consommateur ?), ainsi qu'à une contradiction non moins brutale entre le maintien de l'idole Travail comme fondement de la logique sociale et l'impossibilité pratique de mettre l'essentiel de la population au travail (et ce, bien au-delà de l'usage fonctionnel du chômage). En même temps, une telle situation offre une fantastique base matérielle au dépassement du capitalisme, comme on le verra au chapitre 3.

---

18 Entre 1996 et 2007, le nombre de personnes au travail dans le monde est passé de 2,5 à 3 milliards, et celui des salariés de 1 075 à 1 410 millions (Organisation internationale du Travail, *Tendances mondiales de l'emploi*, 2008). Il faut toutefois tenir compte de l'expansion du travail partiel et des multiples formes de précarité qui affectent, à des degrés divers, un tiers de la population active.

19 Rencontre de San Francisco à l'initiative de la Fondation Gorbatchev en 1995 (citée par Jean-Claude MICHÉA, *L'Enseignement de l'ignorance et ses conditions modernes*, Climats, Paris, 1999, p. 41).

On doit tenir compte aussi des transformations récentes des sphères d'activités : domination de l'agriculture par l'industrie (alimentaire et non alimentaire) ; domination de l'activité industrielle par le secteur tertiaire (finance, communication, etc.). On n'en conclura pas pour autant à l'existence d'un capitalisme d'un type nouveau, fonctionnant selon des règles inédites, que certains qualifient de « capitalisme cognitif [20] ». Cette notion et les analyses auxquelles elle donne lieu reposent sur une profonde exagération de l'impact du travail dit immatériel (ou cognitif) et, surtout, sur une idéalisation de celui-ci, lequel est principalement celui des informaticiens, des publicitaires, des designers, des producteurs de la culture et de la communication. Il s'agirait là d'un travail créatif, coopératif et étroitement mêlé à la vie elle-même, à travers lequel s'expérimenterait une humanité nouvelle et émancipée. Mais, en pratique, de tels métiers ne font-ils pas appel à la créativité que pour mieux la mettre au service des exigences de la marchandise et de la rentabilité ? L'effacement des frontières entre le travail et la vie privée, accentué par un branchement presque permanent aux réseaux de communication, est-il autre chose qu'un asservissement croissant à des contraintes qui requièrent l'engagement de la personne tout entière dans l'épopée entrepreneuriale ? Enfin, de telles analyses reproduisent un fort vieux schéma selon lequel le Travail est une activité libre, dont le Capital se nourrit tel un parasite. Il suffirait alors de se débarrasser de lui pour que la force du Travail, déjà là dans sa positivité entravée, retrouve toute sa fécondité. Mais on risque ainsi de demeurer asservi à l'idole Travail, qui est pourtant le cœur même du système

20 Yann Moulier Boutang, *Le Capitalisme cognitif. La nouvelle grande transformation*, Amsterdam, Paris, 2007.

capitaliste [21]. Aussi gagnerait-on à considérer que le travail, cognitif ou autre, ne saurait exister au sein du système capitaliste sans être modelé profondément par la logique même de celui-ci. Mieux même, il n'existe comme travail que dans la mesure où il concourt à la production de marchandises, de biens ou de services orientés vers la réalisation de la valeur et du profit. Ce n'est donc pas le Travail, supposé pur, qu'il faut libérer de sa perversion par le Capital ; c'est l'activité humaine qui demande à être débarrassée des exigences du travail.

Même si l'on n'accorde pas une vertu émancipatrice à un travail cognitif largement structuré par les exigences du capital, on peut reconnaître, plus spécifiquement, que certaines innovations techniques revêtent un caractère potentiellement positif. L'informatique et la Toile permettent, dans une large mesure, une circulation libre d'informations, de connaissances, de productions culturelles, ainsi que la constitution coopérative et gratuite de logiciels et de sites mettant à la disposition de tous un savoir encyclopédique ou spécialisé. Le fait que « tout ce qui est reproductible en langage numérique tende irrésistiblement à devenir un bien commun » provoque un combat acharné entre logique de la marchandisation et tendance à la gratuité [22]. C'est

21 Pour une critique du caractère émancipateur du travail cognitif, qui est aussi au cœur de la conception négrienne de la multitude, voir Groupe Krisis, *Manifeste*, *op. cit.* et, surtout, Anselm Jappe et Robert Kurz, *Les Habits neufs de l'Empire*, Léo Scheer, Paris, 2003. Le *Manifeste* avance que le Travail et le Capital sont deux concrétions différentes de la valeur, de sorte que leur contradiction demeure *interne* au mode de production capitaliste. De même, Moishe Postone fait valoir que le travail est une catégorie historiquement constituée et spécifique au capitalisme : ni le travail, ni le prolétariat en tant que classe constituée par le travail ne sauraient donc fournir la base à partir de laquelle engager le dépassement du capitalisme (*Temps, travail et domination sociale*, *op. cit.*).

22 André Gorz, « La sortie du capitalisme a déjà commencé », repris dans *Écologica*, Galilée, Paris, 2008, p. 25-42.

là une contradiction supplémentaire, inscrite dans le système technique promu par les formes les plus récentes du capitalisme. Ses caractéristiques font tendre une part essentielle des productions culturelles et immatérielles vers la gratuité et accentuent les difficultés, déjà grandes, que le capital rencontre dans la réalisation des profits dont il se nourrit. Au total, le capitalisme néolibéral est parvenu à étendre ses modes de fonctionnement dans la sphère sociale et à restaurer avec succès ses taux de profit, mais en même temps la tendance à buter sur des obstacles toujours plus difficiles à contourner (reproductibilité des données numériques, propension à l'autodestruction de l'idole Travail, seuils écologiques) réapparaît chaque fois avec plus de vigueur.

Formatage concurrentiel des subjectivités

Reste à souligner une troisième dynamique qui a été au cœur de l'offensive néolibérale et dont tout indique qu'elle ne fera que s'approfondir dans la période à venir. Il s'agit d'un processus visant à l'incorporation subjective des normes propres à la sphère économique [23]. Cette dynamique a comporté des aspects étroitement idéologiques, notamment le passage à une représentation de l'entreprise comme lieu non plus conflictuel mais consensuel, où l'on communierait dans le culte de l'effort et l'idéal de croissance. Mais ses aspects les plus décisifs touchent à la modification intime des comportements, au façonnage des conduites, des manières d'être et de sentir, bref, à

23 Pour une analyse d'ensemble du néolibéralisme, et notamment du rôle des normes concurrentielles, voir Pierre Dardot et Christian Laval, *La Nouvelle Raison du monde. Essai sur la société néolibérale*, La Découverte, Paris, 2009.

l'émergence d'un nouveau mode de production des subjectivités. On pourrait reconnaître là un aspect de la mise en place des sociétés de contrôle (ou sociétés sécuritaires), annoncée par Michel Foucault et Gilles Deleuze [24]. Encore faut-il préciser que, tandis que certains modes de contrôle des populations se font diffus et invisibles, les évolutions les plus récentes invitent à faire toute leur place aux contraintes fortement exhibées de la sécurisation militaro-policière et à une reterritorialisation des opérations répressives [25]. Le mode de contention des populations qui se perfectionne sous nos yeux combine la diffusion des normes bureaucratico-mercantiles et celle des dispositifs sécuritaires-démocratiques. Une sorte de *démocrature marchande* s'installe [26] : une démocratie réduite à ses apparences formelles par la prééminence conjuguée de la logique économique, de la toute-puissance des experts et de l'obsession sécuritaire.

La généralisation de la compétition et de ses exigences est au cœur de ce processus d'incorporation des normes marchandes. La concurrence n'est certes pas une nouveauté. Elle est même au principe de l'économie de marché et des représentations de la

---

24 Voir *supra* note 14 ainsi que, pour la notion de société de contrôle, Gilles DELEUZE, *Pourparlers*, Minuit, Paris, 1990, et sa reprise par Michael HARDT et Antonio NEGRI, *Empire*, Exils, Paris, 2000.

25 Les processus de déterritorialisation, annoncés par Gilles Deleuze et Félix Guattari et placés au centre de l'analyse négrienne d'un « monde lisse » (*Empire*, *ibid.*), semblent s'être inversés au lendemain de la publication de ce livre ou, plus précisément, avec l'intervention en Irak, pour faire place à des dynamiques de reterritorialisation (intensification des tensions géostratégiques et de la lutte pour le contrôle des ressources naturelles en voie de raréfaction).

26 Forgé par Eduardo GALEANO (*Sens dessus dessous. L'école du monde à l'envers*, Homnisphères, Paris, 2004), le terme de « démocrature » est repris par le Sous-comité décentralisé des gardes-barrières en alternance, *Ne sauvons pas le système qui nous broie ! Manifeste pour une désobéissance générale*, Le Passager Clandestin, Paris, 2009.

vie sociale propres au libéralisme (au moins depuis le milieu du XIXᵉ siècle, lorsque Herbert Spencer transpose dans le monde social l'idée darwinienne de la sélection naturelle, ceci contre les conceptions de Darwin lui-même). Pourtant, l'extension et l'intensification récentes des normes de la compétition confèrent à celle-ci un rôle nouveau. Sous le nom de *benchmarking*, les règles de la compétition sont amenées à se généraliser, y compris dans les sphères qui ne relèvent pas du marché : au sein d'une même entreprise, entre ses filiales, ses succursales, ses services, ses salariés, mais aussi dans les administrations publiques, comme entre les universités et les unités publiques de recherche [27]. Il en résulte un nouveau mode de fonctionnement de l'État, où les techniques du management remplacent l'éthique de l'intérêt général. La diffusion d'une « culture de l'évaluation » (quantitative et formelle) n'a guère d'autre objectif que de faire baigner l'ensemble des conduites sociales dans une imprégnation compétitive permanente et de soumettre les agents aux contraintes supposées d'une mise en concurrence généralisée. La compétition fonctionne ainsi comme une machine idéale à conduire les conduites, car son mécanisme agit de telle sorte que les individus s'appliquent à eux-mêmes, par l'effet d'une volonté apparente, les normes de comportement résultant des exigences de la compétition. Un tel dispositif produit donc une hétéronomie maximale, sous les apparences de la plus grande autonomie. Reposant sur l'intériorisation des normes et la mobilisation intensifiée de volontés, c'est là un instrument de production du conformisme social d'une redoutable efficacité.

---

27 Sur le *benchmarking*, voir Luc Boltanski, *De la critique*, *op. cit.*, p. 198-200 et Isabelle Bruno et Emmanuel Didier, *Benchmarking. L'État sous pression statistique*, Zones/La Découverte, Paris, 2013.

À cela s'ajoute la dramatisation des enjeux de la compétition. Aujourd'hui, même si l'espérance d'ascension sociale n'a pas entièrement disparu, le principal ressort de l'adhésion à la société est bien plutôt l'angoisse d'être mis « hors course », de ne pas trouver sa place, de ne pas avoir de travail et, pour ceux qui en ont, de le perdre. Il s'agit d'une modalité d'intégration sociale essentiellement négative, qui est un aspect du gouvernement des conduites par la peur (on sait l'efficacité du précariat et de la menace du chômage dans la modification du rapport de forces au profit du capital). Combinant mise en concurrence totale et extension du risque de non-intégration, la compétition se transforme en une lutte à mort, une lutte pour la survie. Elle constitue alors un ressort d'adaptabilité, tendu à bloc au cœur des subjectivités. Il n'y a plus de demi-mesure : la concurrence est la balance d'un nouveau Jugement dernier qui voue les uns au paradis de la performance et de l'excellence et condamne les autres à l'enfer de la désintégration sociale. « S'adapter ou périr » est la loi d'airain de cette pesée dont l'Économie est le lugubre archange. Ce qui veut dire aussi : être conforme ou n'être rien.

La *compression temporelle* est un autre aspect crucial du mode de production des subjectivités, parce qu'il est incorporé de manière presque permanente aux gestes, aux attitudes, aux rythmes de vie. Fondé sur l'exploitation du travail salarié (et sur la valeur que détermine le temps de travail – socialement nécessaire – contenu dans les marchandises produites), le capitalisme a, dès ses origines, imposé une « tyrannie des horloges [28] ». Mais celle-ci s'est accentuée, et nous sommes aujourd'hui soumis à

---

28 Norbert Elias, *Du temps*, Fayard, Paris, 1996. Sur ces aspects, je renvoie à une étude antérieure : « L'histoire face au présent perpétuel. Quelques remarques sur la relation passé/futur », *in* François Hartog et Jacques Revel (dir.), *Les Usages politiques du passé*, Éditions de l'EHESS, Paris, 2001, p. 55-74.

une dictature des temps brefs, des rythmes syncopés et d'une urgence artificiellement entretenue, bien faite pour happer notre participation en déniant le répit d'une possible mise à distance. Une tyrannie de l'urgence qui contribue à construire cette angoisse d'« être en retard » ou de « prendre du retard », qui est une composante majeure de la production des subjectivités concurrentielles. L'être humain est désormais dans le temps comme un plongeur sans bouteille au fond de la mer : en apnée, au bord de l'asphyxie, obligé à un empressement permanent qui paraît devenu une question de survie. Mais la lutte contre le temps est toujours perdue, non du fait de notre condition mortelle, mais parce qu'elle est perdue *à chaque instant*. Le règne de l'immédiateté impose cette autre loi d'airain : plus ça va vite et plus le temps manque. Plus on gagne du temps et plus on en manque. Ou, pour mieux dire, plus on gagne de temps et plus c'est le temps qui gagne.

Ce n'est là que l'expression d'un paradoxe plus général de la société marchande, dans laquelle l'abondance engendre le manque, dans laquelle plus on a et plus on est en manque. Surtout, la compression temporelle est inséparable de l'intensification des normes de la compétition. Nous ne cessons, sans toujours nous en rendre compte et parfois bien malgré nous, de mettre en rapport des quantités (de choses faites ou vues) et des durées. Nous ne cessons de mesurer notre agir au paramètre temps. Et, dès que la corrélation ne correspond pas aux normes de la vie pressée et entraînée à l'efficacité, l'impatience surgit. C'est la logique de la rentabilité et de la productivité, propre au fonctionnement de l'économie capitaliste et infusée dans l'ensemble du corps social, qui se manifeste alors depuis l'intérieur de nous-mêmes, au creux de nos subjectivités.

« Une seconde perdue en station, du retard sur toute la ligne » : voilà l'injonction par laquelle chaque porte du métro parisien accueillait, récemment encore, ses passagers. C'est bien jusqu'à la plus infime seconde que s'exaspèrent la presse temporelle et l'exigence de contrôle des conduites. Mais le plus stupéfiant est le rapport à soi et à autrui qu'induit une telle consigne : sur moi pèse la lourde responsabilité de ne pas provoquer le retard de milliers de voyageurs, non seulement dans la rame, mais sur toute la ligne ; la relation (abstraite) à la masse anonyme des utilisateurs prime sur le rapport avec les personnes qui m'entourent et que la consigne m'enjoint de voir comme des obstacles potentiels, à piétiner s'il le faut, sur la voie de mon impeccable sortie. Le rapport à soi et aux autres est un rapport d'objets, puisque nous sommes tous sommés d'être les rouages d'une vaste machinerie dont les mouvements sont réglés à la seconde près. Dans une société régie par les exigences de la valeur (laquelle ne saurait s'intéresser qu'à sa propre quantité), le rapport social lui-même tend à être réduit à l'échange de quantités, ou du moins à la mesure de quantités, tandis que le formatage concurrentiel des subjectivités n'est qu'une manière d'instiller la logique de quantification de la valeur dans l'épaisseur même de la vie. N'est-ce pas la mesure objectivée des statuts individuels qui prime partout ? Dans les cours d'école, les enfants enquêtent pour connaître celui dont le père gagne le plus d'argent et se font à l'idée qu'on n'est rien si on n'a pas les chaussures de sport qu'il faut. Le primat du quantitatif sur le qualitatif et de la forme sur le contenu s'étend de la production des objets à la production immatérielle, puis à l'ensemble des activités sociales comme aux modes d'être et aux subjectivités.

Mais en quel sens exactement est-il légitime d'évoquer une « marchandisation de la vie » ? C'est d'abord parce que nous sommes des consommateurs potentiels, et donc des cibles des messages publicitaires, que notre vie est happée par la sphère marchande. Celle-ci pénètre l'intime en modifiant notamment les pratiques associées à l'amitié (« nous allons aider vos marques à faire partie des conversations quotidiennes », explique le fondateur de Facebook à ses clients annonceurs), avec des effets variables selon les types d'usages, mais pas toujours contrôlables. Mais ce n'est rien comparé à la repartie célèbre d'un P-DG de TF1 se vantant de « vendre du temps de cerveau humain disponible » et non moins fier de souligner combien ses programmes préparent lesdits cerveaux à une parfaite réception des messages publicitaires [29]. Notre temps de vie est une marchandise que d'autres vendent à notre insu, pour permettre à d'autres encore de nous vendre leurs marchandises...

Mais c'est plus encore parce que nous sommes des producteurs potentiels que notre vie relève du statut de marchandise. Déjà définie comme « ressource humaine » par les directeurs du même nom, ou comme « capital humain », la personne est désormais invitée à se concevoir comme une petite entreprise, vouée tout au long de la vie à améliorer et à faire fructifier son « employabilité », c'est-à-dire sa capacité à correspondre aux critères requis par le marché du travail, lesquels englobent non seulement les compétences professionnelles directes mais aussi toutes les qualités psychologiques, émotionnelles et relationnelles. Soumise à ce régime, la vie tout entière apparaît comme un patient travail de production de soi comme entreprise, de constitution d'un mode d'être entièrement adapté aux normes du marché [30]. Une telle représentation est un tour de force de l'illusionnisme social. En effet, elle qualifie dans le registre de

---

29 Déclaration de Patrick Le Lay, P-DG de TF1, en 2004, citée et commentée par Marie Bénilde, *On achète bien les cerveaux. La publicité et les médias*, Raisons d'Agir, Paris, 2007, p. 19.

30 André Gorz, « La personne devient une entreprise. Note sur le travail de production de soi », 2001, <http://ecorev.org/spip.php?article382>.

l'entreprise et du capital ce qui n'est rien d'autre que la production/reproduction de la capacité de travail dont les entreprises (les vraies) se nourrissent ! En même temps, elle est l'expression absolument claire de la marchandisation des personnes, c'est-à-dire de leur constitution comme marchandise-capacité de travail [31]. Elle témoigne aussi du fait que le travail et ses exigences débordent vers le domaine de la vie privée, de sorte que la conscience de soi est de plus en plus modelée par des logiques d'autoprésentation professionnelle et, plus généralement, par un art de mettre en scène ses aptitudes et ses performances. Il est inscrit au fondement même du capitalisme que la force de travail est une marchandise ; mais désormais c'est la vie, en tant que vie-pour-le-travail, qui devient elle-même une marchandise. En bref, la marchandisation enveloppe la vie triplement : comme temps de travail vendu pour la production, comme temps disponible pour la consommation et comme temps (quasi permanent) de constitution d'un soi conforme aux exigences du marché.

Mais *marchandisation* veut dire aussi que tout n'est pas marchandise, que la vie même n'est pas une marchandise (malgré ce qu'il en est du trafic d'organes ou des transactions auxquelles peut donner lieu la puissance d'engendrer). Marchandisation désigne un *devenir-marchandise* du monde, qui ne saurait aboutir entièrement à son terme, car il doit bien y avoir un reste, un hors-marché qui fait tant bien que mal tenir la société et assure à la vie quelques refuges d'humanité. L'important tient ici au fait que même ce qui n'est pas marchandise, au sens strict

31 Voir aussi, plus classiquement, l'engagement complet de la personne requis par le travail, ce qu'illustre fort bien la devise placée à l'entrée des unités de production de Toyota : « De bonnes pensées signifient de bons produits » (cité par R. Antunes, « La centralidad del trabajo hoy », *Herramienta*, 8, 1998, <www.herramienta.com>).

du terme, est traité de la même manière et réglé par des normes similaires. L'existence même doit être imprégnée par les exigences propres à la sphère marchande, l'idéologie de l'entreprise et la valeur-travail, le culte de la performance et de l'efficacité. Elle doit se soumettre aux décomptes de l'intérêt et de l'objectivation quantitative, à la tyrannie de l'instantané et du présent perpétuel. Elle doit être tout entière informée par la subjectivité concurrentielle qui meut la course de chacun et trace les lignes du couloir qui le séparent d'autrui. Ces dispositifs requièrent une adaptation à des normes toujours plus exigeantes et contribuent puissamment, du fait de l'intériorisation de ces mêmes normes, à la naturalisation du monde social tel qu'il va. C'est en cela que le capitalisme n'est pas seulement un système économique, mais bien une *société de l'économie* où les subjectivités et les relations intersubjectives s'instituent dans un devenir-marchandise de la vie.

Considéré au sens étroit du terme, le cycle néolibéral amorcé il y a un peu plus de trois décennies semble avoir atteint ses limites (tout simplement peut-être parce qu'il a atteint ses objectifs). Dans cette perspective, on pourrait penser que la crise actuelle ouvre l'opportunité d'un retour aux équilibres keynésiens qui avaient précédé les « Trente Honteuses » du néolibéralisme. Mais une vision de plus longue durée invite à privilégier trois tendances, qui rompent avec le capitalisme disciplinaire des États-nations et dont rien n'indique qu'elles soient susceptibles de s'inverser : constitution du marché mondial unique et interdépendance poussée des entités nationales ; difficulté croissante dans la réalisation de la valeur, que ce soit sous l'espèce du travail ou du profit ; intensification des modes de production de subjectivités directement modelées par les normes de la marchandise [32]. Dans de telles conditions, toutes les bases du compromis keynésien semblent faire défaut : une structure nationale viable économiquement, un État adossé à une éthique de l'intérêt commun (désormais remplacé par un État managérial ou par des institutions supranationales qui, comme l'Union européenne, font office de courroies de transmission et d'adaptation aux contraintes de la compétition internationale), des cycles de croissance garantissant des taux de profit durables, des organisations syndicales et politiques puissantes imposant un rapport négocié entre capital et travail. Il est donc probable que les rééquilibrages provoqués par la crise et la fin des « Trente Honteuses » du premier cycle néolibéral ne seront que superficiels (sauf sans doute en ce qui concerne la réorganisation polycentrique de l'économie-monde) et qu'ils concourront finalement à un approfondissement des principales tendances déjà signalées.

Il est par conséquent douteux que les contradictions les plus aiguës et les aspects les plus néfastes du capitalisme puissent s'atténuer ou être contrôlés au sein même de ce système. On ne peut nier toutefois qu'il développe, en même temps que des effets destructeurs, des potentialités techniques susceptibles d'être positives : énergies renouvelables induisant un rapport

32 Un autre trait majeur des évolutions récentes du capitalisme sera évoqué dans le chapitre 4 : l'intensification de la compétition pour le contrôle des ressources naturelles et la spoliation massive des terres et des territoires qui en découle. À ces phénomènes est associé un autre aspect de la marchandisation de la vie, qui concerne la captation mercantile des processus de la biosphère (brevets sur la biodiversité, appropriation du système alimentaire par la généralisation des semences transgéniques, marchés des émissions de carbone, mécanisme REDD+ qui, sous couvert de préservation des forêts, dessaisit les populations, notamment indiennes, de la maîtrise de leurs territoires et aboutit à une expropriation de leurs formes de vie traditionnelles, etc.).

non déprédateur à l'environnement, technologies numériques permettant l'essor de formes de production et d'échange fondées sur la gratuité et la coopération. Il se peut que le futur postcapitaliste soit déjà là, en germe. Mais ce n'est certainement pas en demeurant prisonnier du système capitaliste que le combat décisif entre la gratuité et la marchandisation pourra être gagné par la première. Ce sont bien plutôt des tensions avivées qui s'annoncent, avec l'accentuation des effets de la marchandisation de la vie et l'extension des pathologies propres aux subjectivités concurrentielles[33] : ego toujours plus hypertrophiés, pris entre des promesses de toute-puissance socialement entretenues et des contraintes induisant des frustrations d'autant plus insupportables ; solitudes stressées et dépressives ; sensation d'être dépossédé du sens de sa propre activité, voire de sa vie tout entière ; généralisation des représentations déshumanisées de soi et froideur des rapports objectivés à autrui. L'absurdité d'un système qui soumet l'humanité aux exigences d'un travail à la fois omniprésent et fragilisé ne saurait que

---

33 On peut certes souligner, comme le fait Frédéric Lordon, que le capitalisme, en tant que mode de conformation des désirs et des affects, est aussi capable de mobiliser des affects joyeux, ceux de la consommation et de la réalisation de soi dans le travail (*Capitalisme, désir et servitude. Marx et Spinoza*, La Fabrique, Paris, 2010). Une telle analyse a le mérite d'aider à comprendre ce par quoi le système capitaliste tient (et nous tient). Il faut toutefois veiller à ne pas minimiser l'ambivalence constitutive des situations affectives en régime capitaliste : l'extension des joies de la consommation n'est que l'envers – ou la suspension très provisoire – d'une intensification des insatisfactions, savamment entretenue (« la clé de la prospérité économique consiste dans la création d'un sentiment d'insatisfaction », a pu dire un directeur de General Motors) ; de même, l'idéal de réalisation de soi dans le travail ne progresse qu'accompagné d'une augmentation des tensions compétitives, des craintes (d'être mal noté, d'être licencié...), des pressions temporelles et des stress qui colonisent la vie entière.

s'accentuer, tout comme les effets de la désintégration sociale qu'une telle situation engendre.

Enfin, et c'est assurément le plus grave, il y a de solides raisons pour considérer que le capitalisme est incapable d'arrêter la dévastation écologique qu'il a lui-même créée, et cela dans le bref délai restant avant que celle-ci ne devienne totalement irréparable (on y reviendra au chapitre 5). Est-il raisonnable de penser que le capitalisme, mû par un impératif de rentabilité et soumis aux logiques du court terme, puisse prendre en compte sérieusement un paramètre qui vient encore réduire ses marges de profit ? Est-il raisonnable d'imaginer que son appétit de nouveaux marchés puisse considérer la question écologique autrement que sous l'angle de débouchés prometteurs à développer, y compris ceux de la gestion des désastres à venir (notamment les migrations massives des déplacés climatiques) ou de la vente de conditions de survie aux rares privilégiés qui en auront les moyens ? Est-il raisonnable de continuer à confier le destin de l'humanité et de la planète qui l'abrite à un système économique fondé sur la nécessité structurelle de croissance, c'est-à-dire sur un « processus continu et infini d'auto-expansion de la valeur » qui impose une logique productiviste n'ayant d'autre fin que sa propre intensification [34] ? N'avons-nous pas toutes les raisons de penser que la reproduction du système capitaliste, intrinsèquement mû par la nécessité d'une expansion illimitée de la production-pour-la-production, compromet la

34 L'expression est de Moishe Postone (*Temps, travail et domination sociale*, *op. cit.*, p. 395), qui souligne que cette logique est inhérente au système capitaliste et constitue une force qui impose sa contrainte aux humains. Il n'est donc possible d'en contrôler les effets que de manière marginale. Soulignons combien il est nécessaire de considérer le productivisme – qui est au fondement de la destruction en cours de la biosphère – non comme un effet accessoire du système capitaliste, mais comme l'un de ses traits constitutifs les plus essentiels.

préservation des conditions de vie sur la planète Terre, voire l'existence même de l'espèce humaine ?

Certains pensent qu'il est plus réaliste de travailler le capitalisme « de l'intérieur », soit qu'ils espèrent faire de l'État, garant de l'intérêt commun, un contrepoids à la logique marchande, soit qu'ils prétendent s'appuyer sur les tendances libératrices à l'œuvre au sein du capitalisme cognitif pour le pousser au-delà de lui-même. Quoique inverses l'une de l'autre, au moins en ce qui concerne l'analyse de l'État, ces deux conceptions ont un trait commun : elles cherchent leur point d'appui *dans* le système capitaliste, soit pour en contenir les effets, soit pour s'élancer au-delà de lui. Mais, au vu des analyses précédentes, cet apparent « réalisme » pourrait se révéler aussi irréaliste que périlleux. La menace qui pèse sur l'humanité et, plus encore, le désir de lui assurer les conditions d'une vie digne pointent l'urgence : sortir du capitalisme.

Non, nous ne voulons plus continuer *à soumettre la vie sociale aux exigences de l'économie, c'est-à-dire de l'exploitation et de la dépossession, d'une productivité mortelle pour la planète, d'une compétitivité destructrice des relations interpersonnelles, d'une réduction de l'humain à un paramètre comptable. Nous ne nous résignons pas à voir les espaces de vie fondés sur la collaboration, l'entraide, l'amitié et la gratuité peu à peu laminés par l'exigence économique ou pervertis de l'intérieur par la production marchandisée des subjectivités.*

Nous ne voulons plus de tant de produits frelatés, de jouets cassés à peine le paquet ouvert, d'objets conçus pour être remplacés et finir au plus vite à la décharge. Nous ne voulons plus de ces fantasmes à trois sous supposés faire de nous des consommateurs empressés, ni de ces divertissements de pacotille par lesquels nos cerveaux et nos sens sont mis aux enchères du plus offrant.

Nous ne voulons plus de ce culte absurde d'un travail qui nous asservit autant par son excès que par son manque. Nous ne voulons plus sacrifier à l'obsession de la réussite et de l'excellence, sous la menace de la désintégration sociale. Nous ne voulons plus avoir pour seul choix d'être l'entrepreneur de soi-même ou de n'être rien.

Nous ne voulons plus d'une existence conçue comme une course contre la montre, une lutte contre tous les autres. Nous ne voulons plus de ces relations humaines dénaturées par tant de replis et par cette méfiance installée entre des moi concurrentiels, confits dans la certitude de leur toute-puissance et néanmoins fissurés par tant de frustrations. Nous ne voulons plus sentir, au creux de nos subjectivités, la présence palpable des fétiches de l'économie, de l'intérêt, de la performance, du temps mesuré, de l'image machinique de soi et des autres.

Nous ne voulons plus.

Nous ne voulons surtout pas refonder le capitalisme, mais en finir avec lui.

Nous ne voulons pas sauver le capitalisme, mais nous sauver de lui.

CHAPITRE 2

Construire l'autonomie : le politique sans l'État

> « Nous ne pouvons pas nous associer avec des gens qui disent ouvertement que les travailleurs sont trop ignorants pour se libérer eux-mêmes et doivent être libérés d'en haut. »
>
> Karl MARX, *Critique du programme de Gotha*

Tout ce qui a été dit au chapitre précédent, nous le savons depuis longtemps. Ces horreurs, nous les connaissons par cœur. Mais on peut bien scruter tous les scandales du monde et dérouler l'interminable litanie des crimes du capitalisme, cela ne changera rien, cela ne suffira pas. Tant que la croyance (ou, simplement, la sensation) qu'il n'y a pas d'autre forme sociale viable demeurera inébranlée, tant que n'aura pas commencé à prendre consistance la possibilité d'une organisation non capitaliste de la vie, la plupart d'entre nous continueront de se résigner à l'état de fait ou de promouvoir des arrangements limités au sein du désastre.

Pourtant, nous n'en sommes plus tout à fait au temps du triomphe absolu de la pensée unique néolibérale. Depuis la fin des années 1990, le cycle des mobilisations altermondialistes a commencé à en fissurer le bel édifice, et l'émergence de mouvements sociaux novateurs, notamment en Amérique latine (Brésil, Bolivie, Équateur, Colombie), y a également contribué. Ces luttes sont une puissante source d'inspiration pour donner corps à la possibilité d'une autre organisation collective, au-delà des normes du système-monde capitaliste. C'est essentiellement dans le terreau de l'expérience zapatiste que l'on ancrera ici la réflexion. Le « *¡Ya basta!* » du 1er janvier 1994 n'a-t-il pas voulu, tout en s'insurgeant contre les involutions néolibérales du Mexique, briser la suffisance de ceux qui proclamaient la fin de l'Histoire ? La Rencontre intercontinentale pour l'humanité et contre le néolibéralisme, convoquée au Chiapas durant l'été 1996, ne passe-t-elle pas pour l'un des signes annonciateurs des luttes altermondialistes ? Même si la rébellion zapatiste peut paraître à certains lointaine et exotique, elle est de nature à susciter une réflexion générale, susceptible d'être partagée bien au-delà des frontières du Mexique. Il ne s'agit certes pas de la convertir en modèle ou en doctrine, ce que les zapatistes eux-mêmes refusent avec la plus vive énergie. Il s'agit seulement de considérer avec toute l'attention requise cette expérience – qu'il n'est sans doute pas exagéré de tenir pour l'une des plus profondes « utopies réelles » actuellement déployées – et de s'efforcer d'en tirer quelques enseignements, tout particulièrement en ce qui concerne les formes politiques de l'émancipation sociale.

Les zapatistes : une expérience rebelle

Fondé le 17 novembre 1983 comme un classique foyer de guérilla, l'*Ejército Zapatista de Liberación Nacional* (Armée zapatiste de libération nationale), devenu l'organisation politique et militaire de centaines de communautés indiennes, s'est fait connaître, dans la nuit du 1er janvier 1994, en occupant sept villes du Chiapas, dont San Cristóbal de Las Casas [1]. Le Mexique

1 Pour une présentation d'ensemble du mouvement zapatiste, je me permets de renvoyer à Jérôme Baschet, *La Rébellion zapatiste. Insurrection*

oublié se rappelait ainsi au souvenir du Mexique d'en haut qui, ce jour-là, sablait le champagne pour célébrer l'entrée en vigueur de l'Accord de libre-échange nord-américain (ALENA) et, par la même occasion, son intégration rêvée dans le club de la modernité. Douze jours après le début des combats, l'acceptation du cessez-le-feu ouvre l'étape de la parole. Non sans de multiples péripéties, les discussions menées avec le gouvernement fédéral aboutissent à la signature des Accords de San Andrés sur les Droits et la Culture indigènes, le 16 février 1996. Mais le président Zedillo refuse alors la réforme constitutionnelle qui devait en permettre l'application et opte pour une stratégie de paramilitarisation visant à déstructurer les communautés indiennes qui forment la base sociale de l'EZLN. Ce choix gouvernemental provoque des déplacements massifs de population et conduit, le 22 décembre 1997, au massacre d'Acteal, où 45 Indiens tsotsils, principalement des femmes et des enfants, sont assassinés par un groupe paramilitaire, alors qu'ils priaient dans une chapelle. Malgré la fin du régime de Parti-État (juillet 2000) et le succès de la Marche de la couleur de la terre (mars 2001), qui permet aux zapatistes de plaider à la tribune du Parlement en faveur de la réforme constitutionnelle attendue depuis 1996, les législateurs de tous les partis restent sourds aux demandes indiennes et votent un texte qui dénature les points les plus substantiels des Accords de San Andrés [2]. Dénonçant

---

indienne et résistance planétaire, Paris, Champs-Flammarion, 2005 (avec une bibliographie détaillée). La transformation du noyau initial a été décrite par le sous-commandant Marcos comme une salutaire « défaite » des certitudes marxistes-léninistes des premiers guérilleros, comme un « processus de rééducation » de ceux qui étaient venus pour éduquer le peuple ; voir Sous-commandant MARCOS, *Saisons de la digne rage*, Climats, Paris, 2009, p. 10-11.

2 Joani HOCQUENGHEM, Yvon LE BOT, Jacques BLANC et René SOLIS, *La Fragile Armada. La Marche des zapatistes*, Métailié, Paris, 2001.

une trahison, l'EZLN et le Congrès national indigène, qui regroupe des organisations de presque tous les groupes ethniques du Mexique, concluent que le dialogue avec les pouvoirs institués (exécutif, législatif, judiciaire) et avec la classe politique dans son ensemble est vain. Se clôt ainsi la phase ouverte en février 1994, durant laquelle les zapatistes avaient opté pour la négociation et cherché à obtenir une reconnaissance institutionnelle des revendications indiennes ; et s'engage une autre phase, marquée par un rejet de plus en plus insistant de la « politique d'en haut ». Les zapatistes décident alors de traduire la légitimité des Accords de 1996 dans les faits, à défaut d'avoir pu les convertir en règle constitutionnelle. Ils créent, en août 2003, cinq Conseils de bon gouvernement (*Juntas de buen gobierno*), afin de mettre en œuvre le régime d'autonomie prévu par les Accords de San Andrés.

La pratique de l'autonomie n'est certes pas entièrement nouvelle, car 38 communes autonomes rebelles zapatistes s'étaient déclarées dès décembre 1994 [3]. Mais il s'agit, avec les Conseils de bon gouvernement, d'engager une pratique de l'autonomie plus conséquente et de coordonner au niveau régional l'action des communes rebelles [4]. Au total, la zone d'influence zapatiste

---

3 Cette « déclaration » correspondait à une opération de « rupture de l'encerclement militaire » et a d'abord été strictement formelle. Au cours des années suivantes et à des dates diverses, la plupart de ces communes (mais pas toutes) ont constitué leurs instances de gouvernement. Il existe aujourd'hui vingt-sept communes autonomes zapatistes, fonctionnant au sein de cinq zones ayant chacune leur propre *Junta de buen gobierno*.

4 Le fonctionnement des instances de gouvernement autonome a été expliqué avec force détails durant la première session de l'« *Escuelita zapatista* », qui, en août 2013, a accueilli près de 1 500 personnes dans les villages rebelles, leur permettant de toucher du doigt la pratique de l'autonomie et de partager, l'espace d'une semaine, le mode de vie et l'expérience des membres de l'EZLN. Ont été produits à cette occasion

s'étend sur un territoire à peu près équivalent à celui de la Belgique ; bien qu'y coexistent des communes zapatistes et des communes « officielles », on peut estimer que les premières organisent la vie de plusieurs dizaines ou centaines de milliers d'Indiens mayas (tseltals, tsotsils, chols, tojolabals, mames) et zoques, ainsi que des familles non indigènes qui se placent sous leur autorité.

Dans chaque commune autonome, ceux qui occupent les fonctions municipales sont élus par leurs communautés pour des mandats de deux ou trois ans, révocables à tout moment et conçus comme des « charges » (*cargos*), c'est-à-dire des services rendus ne faisant l'objet d'aucune rémunération ni ne donnant lieu à aucun avantage matériel. Chaque commune délègue en permanence, et selon les mêmes principes, deux ou trois représentants au Conseil de bon gouvernement de la zone correspondante. Dans chacune des cinq zones zapatistes, le Conseil de bon gouvernement fonctionne donc comme instance de coordination émanant des communes elles-mêmes et dont les décisions se prennent après d'amples consultations de celles-ci. Les délégués au Conseil se relaient par courtes périodes de dix ou quinze jours selon les cas, ce qui leur permet de revenir régulièrement dans leurs villages, pour continuer à s'occuper de leurs familles et de leurs terres. Cette rotation rapide a des effets qui,

---

quatre ouvrages, issus d'un processus d'analyse collective des dix ans de construction de l'autonomie et ayant notamment permis des échanges entre les cinq zones zapatistes : *Gobierno autónomo I, Gobierno autónomo II, Resistencia autónoma, Participación de las mujeres en el gobierno autónomo*. On peut en lire de larges extraits dans les communiqués publiés quelques mois auparavant : Sous-commandants insurgés MARCOS et MOISÉS, *Eux et nous*, Éditions de l'Escargot, Paris, 2013. La richesse de ce matériel et l'organisation même de l'*« Escuelita zapatista »* témoignent de la force et de la profondeur de l'expérience d'autogouvernement en cours.

pour un esprit habitué à des critères d'efficacité et de rapidité, vaudraient immanquablement à cette forme d'organisation un zéro pointé. La lenteur avec laquelle les membres des Conseils traitent les problèmes, en débattent collectivement et consultent autour d'eux peut apparaître déroutante, d'autant qu'il faut souvent passer le relais à une autre équipe qui reprendra l'examen de l'affaire à son point de départ... Mais, pourvu qu'on adopte une autre logique, assurément peu familière pour des subjectivités modelées par la modernité occidentale, cette lenteur peut se retourner en avantage. Elle laisse le temps de s'informer, de soupeser les avis et les propositions, d'élaborer collectivement les décisions en obtenant, dans la mesure du possible, l'assentiment de tous ou, à défaut, une majorité claire (d'autant que les options qui ne sont pas retenues sont moins considérées comme rejetées que mises en réserve, au cas où celles qui ont été choisies ne fonctionneraient pas). Surtout, il s'agit d'éviter le plus possible une dissociation entre la prise de décision par les Conseils et la vie locale des communes et des communautés. Il s'agit de traduire en acte une conception non spécialisée des tâches de gouvernement, de mettre en œuvre une dé-spécialisation de la politique. Les zapatistes ont justement pu dire des membres des Conseils de bon gouvernement : « Ce sont des spécialistes en rien, encore moins en politique [5]. »

Les Conseils de bon gouvernement sont ouverts en permanence aux demandes que zapatistes et non-zapatistes leur présentent et reçoivent tous les visiteurs, mexicains ou étrangers, qui veulent en savoir plus sur cette expérience. Il leur revient de

---

5 Sous-commandant Marcos, *Saisons de la digne rage*, *op. cit.*, p. 183. Il affirme également : « Nous voulons en finir avec l'idée que gouverner est une affaire de spécialistes » (*Corte de Caja. Entrevista al subcomandante Marcos*, Bunker-Alterno, Mexico, 2008, p. 42).

s'accorder, le cas échéant, avec les autorités municipales officielles qui partagent le même territoire et de s'efforcer de résoudre les conflits qui peuvent survenir tant au sein des communautés zapatistes qu'avec des groupes non zapatistes. Ils tiennent leur propre registre d'état civil. L'exercice de la justice, qui relève principalement des autorités municipales, peut, dans les cas les plus graves, requérir leur intervention (également sollicitée, en de nombreuses occasions, par des non-zapatistes). À quelque niveau que l'enquête soit menée et la décision rendue, il s'agit moins d'infliger une punition que de permettre une réconciliation négociée entre les parties, grâce à des travaux d'intérêt général et à des formes de réparation au bénéfice des victimes ou de leurs familles. Les Conseils répartissent également les (faibles) ressources en argent (provenant notamment de la solidarité nationale et internationale et excluant par principe toute aide des gouvernements chiapanèque et mexicain), notamment afin de soutenir l'amplification des capacités productives (vente de café, coopératives artisanales, matériaux de construction, cordonnerie, boulangerie, etc.). Dans certaines zones, ils ont créé des systèmes de prêt à très faible taux d'intérêt. Ils veillent au bon fonctionnement du système de santé autonome (cliniques, microcliniques et réseau d'agents communautaires de santé) et de l'éducation autonome. Au total, ils ont le devoir d'impulser tous les projets susceptibles d'améliorer la vie collective et ils s'efforcent en particulier de créer les conditions d'une plus grande participation des femmes à tous les niveaux de l'organisation de l'autonomie.

Ainsi, les zapatistes ont notamment créé leur propre système éducatif : ils ont construit des écoles primaires et secondaires, en ont élaboré les programmes et conçu l'organisation, ont formé les jeunes qui y enseignent, sans percevoir de salaire et en comptant sur l'engagement de la communauté de couvrir leurs nécessités matérielles ou de les aider à travailler leur parcelle, pour ceux qui en ont. L'éducation fait l'objet d'une mobilisation collective considérable, peut-être la plus intense de toutes celles qu'implique la construction de l'autonomie [6]. Elle engage une multiplicité d'acteurs : Conseils de bon gouvernement et conseils municipaux, avec leurs commissions en charge de l'éducation, comités locaux en charge des bâtiments, enseignants (dénommés « *promotores de educación* »), familles et assemblées communautaires, devant lesquelles les *promotores* assument leur « charge » et en interaction avec lesquelles les orientations éducatives sont continûment débattues. Dans ces écoles, apprendre fait sens, parce que l'éducation s'enracine dans l'expérience concrète des communautés comme dans le souci partagé de la lutte pour la transformation sociale, donnant corps au « nous » de la dignité indigène autant qu'au « nous » de l'humanité rebelle. Là, se forment de jeunes générations aux subjectivités inédites et inventives.

L'autonomie zapatiste est une pratique modeste, « au ras du sol », sans modèle préalable et sans prétention à créer un monde idéal. En même temps, elle n'est pas dépourvue d'une dimension héroïque, si l'on tient compte des conditions matérielles très précaires et de l'environnement politique hostile dans lesquels elle se déroule, mais aussi de l'effort qu'elle exige de la part de populations paysannes peu préparées à de tels exercices.

---

6 En 2008, on pouvait estimer que, dans les cinq zones zapatistes, 500 écoles fonctionnaient, dans lesquelles 1 300 *promotores* accueillaient quelque 16 000 élèves (outre les fascicules de l'« *Escuelita zapatista* », voir Bruno Baronnet, *Autonomía y educación indígena. Las escuelas zapatistas de la Selva Lacandona en Chiapas, México*, Abya-Yala editores, Quito, 2012, ainsi que Bruno Baronnet, Mariana Mora Bayo et Richard Stahler-Sholk (dir.), *Luchas « muy otras ». Zapatismo y autonomía en las comunidades indígenas de Chiapas*, UAM-CIESAS-UNACH, Mexico-San Cristóbal de Las Casas, 2011).

Le fonctionnement rotatif des Conseils permet d'amorcer une forme de « gouvernement collectif » (« Tous, nous avons été gouvernement », ont dit certains de leurs membres), afin de mettre en pratique le principe zapatiste du « *mandar obedeciendo* » (« diriger en obéissant »). À l'inverse des effets d'une conception de la politique comme activité spécialisée, la diffusion des compétences politiques dans le corps social est tenue pour la condition d'un contrôle des autorités, permettant de prévenir les dérives de la délégation de pouvoir et de la corruption. Même s'il convient de se garder de toute idéalisation, il s'agit bel et bien d'une « école de gouvernement », par laquelle les communautés rebelles construisent leur autogouvernement et, indissociablement, une réalité sociale neuve.

Que faire (de l'État) ?

Les zapatistes ont exprimé avec constance leur refus de la prise du pouvoir. Leur objectif, expliquent-ils, est la « construction d'une pratique politique qui ne cherche pas la prise du pouvoir mais l'organisation de la société [7] ». Pour éviter un malentendu stérile (la crainte qu'ils ne se condamnent ainsi à l'impuissance), on doit préciser qu'il s'agit spécifiquement d'écarter la perspective d'une lutte, armée ou électorale, pour la conquête du pouvoir d'*État*. Par cette position et par les pratiques qui en découlent, les zapatistes ont entrepris une critique en acte de leur propre tradition politique léniniste. Ainsi, le sous-commandant Marcos explique qu'il convient de se défaire d'un modèle à deux temps de l'agir révolutionnaire : « Nous avons pensé qu'il fallait reformuler le problème du pouvoir, ne pas répéter la formule selon laquelle pour changer

7 Cité dans Jérôme Baschet, *La Rébellion zapatiste*, *op. cit.*, p. 66.

le monde il est nécessaire de prendre le pouvoir et, une fois au pouvoir, alors oui, on organisera le monde comme il lui convient le mieux, c'est-à-dire comme il me convient le mieux à moi qui suis au pouvoir[8]. » Pour autant, ils ne désertent pas le champ politique et l'expérience des Conseils de bon gouvernement est la confirmation éclatante du souci de construire d'autres modalités d'organisation politique. On proposera de définir celles-ci comme des *formes non étatiques de gouvernement*, c'est-à-dire des formes d'autogouvernement dans lesquelles la séparation entre gouvernants et gouvernés se réduit autant qu'il est possible.

Pour autant, il n'est pas certain que la proclamation d'une élimination intégrale et immédiate de toute relation de pouvoir (ce que John Holloway nomme le « pouvoir-sur », par opposition au « pouvoir-faire ») soit la plus adéquate, pas plus que ne l'est l'idéal d'une politique révolutionnaire parfaitement horizontale[9]. L'une et l'autre semblent mal adaptés à l'expérience des Conseils de bon gouvernement, dont on croit pouvoir mieux rendre compte en posant le principe d'une articulation entre horizontalité et verticalité. Le fait que l'expérience doive son existence et sa pérennité à l'EZLN, une structure politico-militaire dont personne ne prétend cacher l'inévitable

---

8 Sous-commandant MARCOS, intervention lors de la Rencontre intercontinentale pour l'humanité et contre le néolibéralisme, 30 juillet 1996, *EZLN. Documentos y comunicados*, Era, Mexico, 1997, vol. 3, p. 319.

9 Voir John HOLLOWAY, *Changer le monde sans prendre le pouvoir. Le sens de la révolution aujourd'hui*, Syllepses-Lux, Paris-Montréal, 2007. Pour le débat suscité par ce livre, outre les remarques avancées dans Jérôme BASCHET, *La Rébellion, op. cit.*, p. 290-296, voir le numéro 6 de la revue *Contretemps* et John HOLLOWAY, *Contra y más allá del capital. Reflexiones a partir del debate sobre el libro « Cambiar el mundo sin tomar el poder »*, Herramienta-Universidad Autónoma de Puebla, Buenos Aires-Puebla, 2006.

verticalité, invite à la plus grande prudence [10]. De plus, le principe du *mandar obedeciendo* implique, dans son énoncé même, le maintien des notions de commandement et d'obéissance, même si c'est pour les subvertir profondément, puisque ceux qui dirigent doivent le faire en obéissant à ceux qu'ils dirigent. De ce fait, ce rapport paradoxal a fort peu en commun avec ce que l'on entend habituellement par « commander » ou « détenir un pouvoir ». Ce *pouvoir obéissant* n'est-il alors que la capacité – ou plutôt le devoir – de mettre en œuvre les choix arrêtés collectivement et de prendre, au sein d'une instance collégiale, des décisions opérationnelles dont la conformité avec la volonté des « délégants » fait l'objet d'une constante vérification ?

Cette interprétation risque d'être trop idéalisante et on préférera souligner que le *mandar obedeciendo* n'exclut pas le maintien d'un certain caractère vertical, dès lors que l'existence d'une délégation de pouvoir confère aux représentants choisis un rôle spécial dans la prise de décision. Selon les explications données par d'anciens membres des Conseils, le rapport entre le gouvernement et le peuple fonctionne à double sens : si le premier doit obéir au second en respectant ce qui a été décidé lors de la consultation des assemblées au niveau de la zone, des communes et des communautés, il lui revient aussi, en certaines occasions, de se faire obéir, pour mettre en œuvre les décisions prises ou encore lorsqu'une situation d'urgence impose

---

10 L'organisation de l'autonomie est entièrement civile et les cadres politico-militaires de l'EZLN ne peuvent y occuper de charges. Néanmoins, il est reconnu ouvertement que ceux-ci exercent un rôle d'orientation auprès des Conseils autonomes (fascicules *Gobierno autónomo, I* et *II, op. cit.*), voire, parfois, une influence indue et que « la partie politico-militaire de l'EZLN n'est pas démocratique, puisque c'est une armée » (*Sixième Déclaration de la Selva Lacandona*, juin 2005).

une réaction rapide [11]. En outre, les Conseils de bon gouvernement ont le devoir de prendre des initiatives et de promouvoir des propositions pour améliorer le fonctionnement de la vie collective. Ce rôle d'impulsion peut être conçu comme une forme de verticalité non autoritaire, articulée à l'horizontalité de la consultation et de l'approbation collective : « Tout n'est pas horizontal, car certains doivent prendre les initiatives ; tout ne naît pas du peuple, mais la décision revient au peuple [12]. » Par ailleurs, les charges ne sont pas attribuées sans discernement. Deux principes contradictoires entrent ici en tension : d'un côté, est affirmé le souhait que tous apprennent à « être gouvernement » ; de l'autre, les charges les plus importantes sont attribuées en bonne partie aux hommes et aux femmes disposant déjà d'une certaine expérience et ayant fait la preuve de leur droiture et de leur sagesse. La résolution de cette contradiction, explicitement soulignée dans l'auto-analyse de la construction de l'autonomie, exige du temps et, surtout, une constante invention de procédés concrets favorisant, non point la concentration inégale de l'expérience acquise, mais son partage le plus large possible [13]. De ceux et celles qui assument une fonction de gouvernement, les Indiens disent qu'ils sont « des autorités » et

11 Explication des « *maestros* » de l'« *Escuelita zapatista* » (Cideci-Unitierra, août 2013). Sur cette relation à double sens (qui est aussi largement transformée du fait que chacun peut être successivement gouverné et gouvernant), voir aussi : « L'autorité commande sans donner d'ordre parce qu'elle le fait en obéissant aux citoyens... Celui qui commande doit obéir, mais les citoyens doivent aussi obéir à ce que dit l'autorité », explique un membre des Conseils (cité par Mariana Mora Bayo, *La descolonización de la política : la autonomía indígena zapatista frente a las lógicas de gobernabilidad neoliberal y una guerra de baja intensidad*, Ph.D. University of Austin, 2008).

12 Explications données durant l'« *Escuelita zapatista* » (Cideci-Unitierra, août 2013).

13 Voir *Gobierno autónomo, I* et *II*, *op. cit.*

leur témoignent un véritable respect, quoique sans distance. Ne pourrait-on du reste se saisir de cette expression (faire office d'autorité) pour rendre compte d'une asymétrie dans la participation aux prises de décision qui ne se laisse décrire ni comme pouvoir-sur, ni comme complète absence de relations de pouvoir ?

Le plus important est sans doute de comprendre que, malgré les difficultés et les limitations qui peuvent entraver sa pleine réalisation, le *mandar obedeciendo* implique avant tout une autre conception de la délégation de pouvoir (et du pouvoir lui-même). Dans les conceptions caractéristiques de la démocratie représentative, l'élu accède à un statut fortement séparé de celui de ses mandants, soit qu'on lui attribue une sorte de vertu supérieure (comme incarnation de l'unité de la collectivité représentée), soit tout simplement qu'il bénéficie, en pratique, d'un pouvoir sans doute normé et délimité dans le temps mais néanmoins très étendu, puisqu'il lui revient d'agir de son propre chef au nom de l'intérêt commun supposé, sans que ses mandants disposent de réels moyens pour contrôler et modifier son action. Dans cette conception, ceux qui délèguent leur souveraineté s'en dessaisissent presque entièrement, pendant une durée déterminée. De plus, la conjonction de la délégation de pouvoir et de l'individualisme compétitif accentue la concentration de pouvoirs dans la personne de l'élu, puisque celui-ci peut se prévaloir, au moins implicitement, du fait qu'il doit sa position à la supériorité de ses capacités personnelles, de sorte que celles-ci justifient sa prétention à décider au nom des autres.

Dans l'expérience zapatiste, au contraire, celui qui est investi d'une charge – qu'il n'a pas sollicitée et n'accepte pas sans crainte ni réticence – ne considère pas avoir des compétences supérieures à celles des autres membres de la communauté. À l'opposé de la posture du spécialiste, il assume volontiers la position de celui qui *ne sait pas*, qui a besoin d'écouter et d'apprendre du peuple tout entier [14]. Surtout, le « pouvoir » dont il est investi est sérieusement limité : c'est un pouvoir sous contrôle, exercé de manière collégiale et soumis à de multiples processus d'interaction et de négociation informelle avec les différentes instances et assemblées (aux niveaux de la zone, des communes et des communautés [15]), ainsi que, de manière plus

14 Les qualités associées à l'exercice de l'autorité sont à l'opposé d'une conception individualisée du pouvoir : « Pour avoir de l'autorité, il faut être patient, respectueux, vouloir apprendre et écouter », explique un membre des Conseils. Celui qui dispose d'une charge n'est pas détenteur de l'art de gouverner, mais doit l'apprendre du peuple : « Nous sommes nouveaux, nous devons apprendre à être autorités. Ce sont les gens qui vont nous dire comment faire » (cité dans Mariana Mora Bayo, *La descolonización, op. cit.*). De ce fait, le résultat n'est pas très différent de celui que l'on peut obtenir par le recours au tirage au sort dans la désignation des représentants – modalité qui n'est peut-être pas à dédaigner, au moins dans certaines circonstances et surtout lorsqu'il est nécessaire de contrebalancer des habitudes fortement individualistes et compétitives (voir C. Douglas Lummis, *Radical Democracy*, Cornell University Press, Ithaca-Londres, 1996).

15 Le processus de prise de décision est expliqué ainsi (*Gobierno autonomo I*, complété par les indications des « *maestros* » de l'« *Escuelita zapatista* ») : sauf pour les affaires de justice et les décisions très ponctuelles ou urgentes, le Conseil de bon gouvernement consulte l'Assemblée générale de zone (composée de toutes les autorités municipales, des représentants de chaque communauté et des responsables des différents secteurs de travail). Dans certains cas, cette Assemblée peut d'elle-même indiquer au Conseil la décision à prendre. S'il s'agit de projets plus amples ou si aucun accord clair ne se dégage, il est nécessaire de consulter l'ensemble des communautés (car un projet qui n'a pas été discuté et largement assumé est considéré comme voué à l'échec). Il revient alors aux représentants de chaque communauté de mener la consultation dans leurs villages respectifs et de faire part à l'Assemblée suivante soit d'un accord, soit d'un refus, soit d'amendements. Ces derniers sont alors discutés et l'Assemblée élabore une proposition rectifiée, qui est à nouveau soumise aux communautés. Plusieurs allers-et-retours entre Conseil, Assemblée générale de zone et commu-

diffuse, par une connexion permanente avec les mandants, au sein d'une réalité sociale partagée. Enfin, il est particulièrement frappant de constater que le fonctionnement des instances d'autogouvernement présente une grande fluidité : non seulement il diffère, dans ses modalités, d'une zone à l'autre, mais surtout il ne cesse de se modifier, selon une logique d'essais/rectifications et une acceptation des erreurs comme condition de l'approfondissement de l'autonomie, perçue comme un chemin « qui n'a pas de fin [16] ». C'est la marque d'une véritable expérimentation, qui semble parfaitement avisée des risques de pétrification de l'institutionnalité et qui s'efforce de maintenir le caractère dynamique du processus instituant.

Ainsi, tandis que la conception dominante de la délégation de pouvoir autorise une forte dissociation entre représentants et représentés et concentre la capacité de décider au nom de tous les autres, le *mandar obedeciendo* (décliné en principes tels que « convaincre et non vaincre », « représenter et non supplanter », « proposer et non imposer ») suppose une faible dissociation entre représentants et représentés et promeut une déconcentration de la capacité de décision. Finalement, à une conception forte du pouvoir (la délégation de la démocratie représentative aboutissant à un pouvoir-sur, exercé au nom de ceux sur qui il s'exerce), on peut opposer une conception faible du pouvoir (qu'on pourrait peut-être dénommer autorité) : celui ou celle qui détient un mandat occupe certes une position spécifique, mais son rôle est plutôt celui d'un pivot qui démultiplie

---

nautés sont parfois nécessaires avant que la proposition puisse être considérée comme acceptée.

16 Expression de l'un des « *maestros* » de l'« *Escuelita zapatista* » ; voir aussi les fascicules déjà cités, dans lesquels ces différences et ces transformations apparaissent clairement, ainsi que la reconnaissance d'erreurs, parfois graves, commises par les instances autonomes.

la capacité d'action collective et en favorise la coordination. Ainsi, le caractère diffractant de l'autorité, dans un système où une délégation très partielle permet à la collectivité de conserver le contrôle de ses propres capacités, se substitue aux phénomènes de cristallisation du pouvoir, liés à une dépossession à peu près intégrale des capacités collectives. Enfin, il faut préciser qu'une forme politique ne peut être analysée indépendamment de la réalité sociale qu'elle prétend organiser : le *mandar obedeciendo* n'aurait guère de sens dans le cadre d'un système caractérisé par une brutale dissymétrie sociale. C'est seulement dans un univers égalitaire et coopératif qu'il est possible d'envisager que les détenteurs de charges de gouvernement servent et obéissent effectivement à la collectivité. Pratique politique et projet social sont indissociables et participent conjointement de la construction d'un nouveau monde de la vie.

Avec les Conseils de bon gouvernement, les zapatistes ne prétendent pas avoir éliminé toute distinction entre gouvernants et gouvernés, comme l'indiquent du reste la création d'une « commission de surveillance » de chaque Conseil (chargée surtout de vérifier ses comptes) ainsi que le recours avéré à la révocation des mandats. Pour le moins tant que les capacités à participer aux prises de décision demeurent inégalement distribuées, par manque d'éducation ou d'expérience, il paraît sage de reconnaître la persistance de certaines relations de pouvoir et le maintien d'une séparation, aussi atténuée soit-elle, entre gouvernants et gouvernés. Celle-ci ne tient pas seulement à l'inégale participation aux processus de prise de décision et de résolution des conflits, ou plus généralement au rôle spécial assumé par les « autorités », quand bien même leur fonction serait de coordination et d'impulsion ; elle est liée aussi au fait que la conformité de l'agir des gouvernants avec la volonté des gouvernés ne saurait être ni constante, ni parfaite, ni non plus soumise à un contrôle impeccable permettant d'en corriger entièrement les défauts. Il est plus raisonnable de ne pas présupposer entre eux une parfaite adéquation, afin de travailler sans relâche à produire les mécanismes pratiques susceptibles d'entretenir et d'amplifier la *dynamique diffractante de l'autorité.*

En ce sens, une expérience de l'autonomie ne vaut que ce que valent les moyens qu'elle se donne pour contrôler les possibles dérives de l'exercice du gouvernement (notamment lorsqu'il met en jeu des instances supralocales) et pour *réduire* sans cesse l'écart entre gouvernants et gouvernés (à l'inverse de sa tendance à se consolider). Que le principe du *mandar obedeciendo* se traduise par la consultation aussi fréquente que possible des Assemblées de zones et des communautés, par la recherche d'options accordées, par un contrôle des décisions prises et par la révocabilité des mandats est déjà considérable. Mais le plus important est ce qui préserve d'une spécialisation des tâches politiques, d'une dissociation pratique entre l'univers commun et l'expérience de ceux qui concentrent, ne serait-ce que temporairement, une part spéciale du pouvoir de décider ou d'influer sur la prise de décision. De ce point de vue, la rotativité des charges et l'absence de rémunération de ceux qui les exercent sont capitales. Le monde quotidien de ceux qui assument des charges de gouvernement reste celui de la vie partagée des communautés, et c'est cette non-séparation des univers de vie et des pratiques qui constitue le cœur du *mandar obedeciendo* et des formes d'exercice du gouvernement autonome. C'est ainsi que les zapatistes ont entrepris de « disperser le pouvoir [17] ». Ils ne prétendent pas qu'il ait magiquement disparu, mais ils

17 Raúl Zibechi, *Disperser le pouvoir. Les mouvements comme pouvoirs anti-étatiques*, Le Jouet enragé et L'Esprit frappeur, Paris, 2009.

luttent pratiquement contre sa tendance à demeurer ou à redevenir toujours trop concentré.

Auto-émancipation et autogouvernement

Aussi loin que paraisse se dérouler l'expérience zapatiste et aussi modeste qu'on puisse la juger, elle ne manque pas de portée. Au Chiapas, des gens ordinaires, de simples cultivateurs de maïs et de café, ont entrepris de se gouverner eux-mêmes. Peut-être dira-t-on qu'ils sont culturellement dotés d'une éthique communautaire et que leur univers n'a pas la complexité des sociétés modernes. Mais, en tout état de cause, il n'est nullement question d'importer cette expérience dans un univers capitaliste dont nous ne voulons plus et il serait parfaitement absurde de convoquer l'autonomie pour entreprendre de gérer par nous-mêmes le désastre que celui-ci a créé. Le type d'organisation politique qu'on décrit ici serait de toute évidence incapable de garantir le fonctionnement du système mondial actuel, lequel s'ingénie à multiplier les problèmes insolubles. Voilà bien, du reste, l'un des pièges majeurs dont il est urgent de se dégager : il est aussi vain que mortifère de perdre son temps à chercher des solutions aux casse-tête qui accablent la société capitaliste, alors même qu'il s'agit de construire un monde dans lequel la majeure partie de ces problèmes auront cessé de se poser. Il est question ici de la construction d'un projet d'émancipation, d'une autre forme de vie collective dans laquelle les enjeux de gouvernement seraient ramenés à une échelle infiniment plus mesurée.

« Ils ont peur que nous découvrions que *nous sommes capables de nous gouverner nous-mêmes* » : la leçon, prononcée par Eloisa, *« maestra »* de l'*« Escuelita zapatista »*, est simple, mais elle suffit à ruiner les fondements de l'État et de la représentation politique moderne (ainsi, pour Hegel, c'est le propre du peuple que de n'être pas en condition de se gouverner par lui-même [18]). En effet, la représentation politique moderne tient moins au fait même de la délégation de pouvoir qu'à une dichotomie postulée entre le peuple, auquel son incapacité à gouverner impose de recourir à des représentants éclairés, et une élite de compétence qui, en pratique, concentre le pouvoir de décision. L'hypertrophie de l'appareil bureaucratique ne fait qu'accentuer le processus en remettant l'essentiel de la capacité de décider aux mains d'une caste de technocrates. Tout en ayant pour mission de contenir la conflictualité sociale par un effet de neutralité (et, à quelques moments historiques particuliers, par la recherche de certains rééquilibrages nécessaires), l'État est cette machine à produire et à amplifier la séparation entre gouvernants et gouvernés. Aujourd'hui encore, et contre toute évidence, le bon sens s'ingénie à nous convaincre de l'irrémédiable écart entre l'incapacité du tout-venant (vous et moi) et la science éclairée des « experts » et autres spécialistes de la

18 Pour Hegel, c'est en tant qu'appareil séparé, fondé sur la sagesse de l'administration et la compétence de ses fonctionnaires, que l'État peut prétendre à la réalisation de l'Universel : « Le peuple [...] constitue la partie qui ne sait pas ce qu'elle veut. Savoir ce que l'on veut [...] cela est le fruit d'une connaissance et d'une intelligence profondes, qui justement ne sont pas ce qui caractérise le peuple [...] les fonctionnaires supérieurs possèdent nécessairement une intelligence plus profonde et plus vaste de la nature des institutions et des besoins de l'État et en plus une habileté et une habitude plus grandes de ces affaires », *Philosophie du Droit*, 301, cité par Éric Weil, *Hegel et l'État*, Vrin, Paris, 2002 (1re édition, 1950), p. 65, qui conclut que Hegel « analyse correctement l'État réel de son époque et de la nôtre ». Sur la critique par Marx de cette conception qui attribue à l'État le privilège d'être le seul agent de la Raison, voir Miguel Abensour, *La Démocratie contre l'État. Marx et le moment machiavélien*, Le Félin, Paris, 2004. Notons qu'on trouve également chez Kant la conception de l'État comme incarnation d'un Universel posé *a priori*, abstraitement et non à partir de l'expérience.

politique. Et pourtant, il n'est plus temps de prôner une démocratie participative qui, par la vertu de quelques doses homéopathiques de bonne volonté populaire, viendrait rendre un semblant de vitalité à une démocratie représentative fossilisée. Il ne peut s'agir que de donner au mot démocratie le sens radical sans lequel il continuera de sonner creux : faire de la démocratie le pouvoir du peuple, non pas seulement par l'origine dont il procède, mais dans son exercice même [19]. L'autogouvernement est la forme trouvée de la démocratie radicale, laquelle n'est jamais qu'un autre nom de l'autonomie, telle qu'on l'entend ici.

La propension de l'État moderne à séparer gouvernants et gouvernés peut se mesurer à l'un de ses symptômes, qui atteint, de nos jours, des sommets d'intensité : le mépris dont les premiers accablent les seconds. Il est l'expression du fait que l'exercice du pouvoir conféré dans le cadre de la démocratie électorale consiste essentiellement à adopter la posture de l'expert éclairé qui impose des mesures dont les gens ne veulent pas, au nom même de leur propre bien, que leur incompétence leur fait méconnaître. Aux antipodes de ce mépris, marque de l'écart entre le discernement affiché des gouvernants et l'aveuglement supposé des gouvernés, une démocratie radicale d'autogouvernement ne peut reposer que sur le principe d'une dignité partagée. La dignité est du reste l'un des ressorts essentiels de la lutte, telle que la conçoivent les zapatistes. Elle n'est, pour eux, ni une qualité intrinsèque de l'être, ni une essence. Elle

---

19 Voir C. Douglas Lummis, *Radical Democracy*, *op. cit.* et Gustavo Esteva, « Otra mirada, otra democracia », intervention au Festival de la Digne Rage, San Cristóbal de Las Casas, janvier 2009 ; publié dans *Tiempo de los pueblos* (Bolivie), 2, 2009. Le principe selon lequel nous sommes capables de nous gouverner nous-mêmes coïncide avec la façon dont Jacques Rancière définit la démocratie, comme « pouvoir propre de ceux qui n'ont pas plus de titre à gouverner qu'à être gouvernés » (*La Haine de la démocratie*, La Fabrique, Paris, 2005, p. 48).

s'acquiert dans la résistance, dans le combat contre tout ce qui la nie, contre toutes les formes de discrimination et d'humiliation. Il n'y a pas de dignité en soi : la dignité est un pont, un regard – regard de l'autre vers moi, de moi vers l'autre et image du regard de l'autre dans mon propre regard. La dignité ne s'enferme pas dans une définition identitaire ; elle est relation et partage.

Cette dignité réaffirmée est au fondement de l'autogouvernement et, plus largement, de tout processus d'auto-émancipation [20]. Certes, il existe une autre attitude, que les zapatistes ne cessent de fustiger sous le nom de « syndrome de l'évangélisateur » : il y a tant de bonnes âmes, bardées des meilleures intentions du monde, qui sont prêtes à voler au secours de ces pauvres Indiens, sûres de savoir comment les sauver de leur misère [21]. C'est à l'opposé de cette politique de la compassion, omniprésente à l'ère de l'humanitarisme, qu'il convient de faire de la dignité partagée le fondement d'une lutte pour l'auto-émancipation, sans messies et sans guides, le fondement aussi d'un autogouvernement sans spécialistes et sans État. C'est bien pourquoi les zapatistes ont pu mener d'un même pas la critique de la prise du pouvoir d'État comme objectif central de l'action révolutionnaire et celle de la notion d'avant-garde, qui était, tout autant, au cœur de leur propre tradition politique. Ils y ont encore ajouté la critique d'une conception sacrificielle de la lutte politique qui complétait la séparation entre dirigés et

---

20 C'est dans ce nœud entre dignité/capacité et démocratie (radicale) que l'on peut préciser le sens conféré ici à la notion d'autonomie : elle exprime une conception de l'émancipation fondée sur la reconnaissance de la capacité des sujets eux-mêmes, ce dont il découle une conception du politique qui remplace la centralité de l'État par la construction de l'autogouvernement des collectifs humains.

21 Sous-commandant Marcos, *Saisons de la digne rage*, *op. cit.*, p. 186.

dirigeants, entre gouvernés et gouvernants, par celle des moyens et des fins. De la conscience qu'on ne saurait lutter contre l'aliénation sous des formes aliénées découle notamment une parole politique inventive et ancrée dans la subjectivité, qui défie l'esprit de sérieux, mêle la poésie et le goût de la fête, l'humour et l'autodérision [22]. S'agissant de la notion d'avant-garde, il n'y a pas lieu de nier que certains groupes ou individus puissent lancer des propositions dont d'autres trouveront judicieux de s'emparer. La question tient uniquement au statut des *organisations* revendiquant une position d'avant-garde et fondant sur celle-ci leur prétention à diriger le mouvement. De fait, bien que la conception initiale du parti, chez Marx par exemple, ne fût pas du tout celle-là, cette posture a permis ensuite d'instituer le Parti (en réalité son noyau dirigeant) en détenteur exclusif de l'essence révolutionnaire du prolétariat qu'il était censé représenter. Il serait aujourd'hui prudent, comme le suggèrent les zapatistes, de récuser toute posture avant-gardiste, puisqu'elle a été historiquement le moyen par lequel des organisations se revendiquant de l'auto-émancipation des travailleurs ont pu œuvrer systématiquement à la négation de ce principe.

Affirmer la dignité partagée des acteurs de la transformation sociale, c'est ruiner d'un coup les prétentions de toutes les avant-gardes et de tous les appareils d'État à s'emparer, sous les dehors de la représentation légitime, d'un pouvoir séparé. C'est ouvrir la voie à une pratique effective de l'autogouvernement et assumer pleinement qu'il n'est pas d'émancipation véritable qui ne soit auto-émancipation. Finalement, ce que l'expérience zapatiste nous invite à redécouvrir pour notre propre compte

---

22 Sur le sens proprement politique que l'on peut attribuer à l'insolite parole zapatiste, voir *ibid.* (« Présentation », p. 34-41).

tient dans ce principe aussi élémentaire que décisif : nous sommes capables de nous gouverner nous-mêmes.

L'autonomie comme forme politique générale

L'autonomie, dont on peut faire un principe de l'action individuelle et collective, appelle quelques précisions [23]. Le terme désigne littéralement le fait de se donner à soi-même ses propres normes, ou encore de s'organiser par soi-même. En pratique, l'autonomie est la revendication d'une collectivité qui refuse l'imposition d'une normativité ressentie comme extérieure, afin de faire prévaloir les règles qu'elle se donne à elle-même. Entendue en ce sens, l'autonomie combine un caractère négatif (se soustraire à l'imposition) et un caractère positif (affirmer ses propres règles). Mais cela ne dit à peu près rien encore de sa nature effective, qui dépend des règles qu'elle adopte et de la relation entre ces dernières et celles dont elle refuse l'imposition. On peut voir alors qu'il existe une ample gamme allant des autonomies intégrées, dont les normes se distinguent faiblement de celles auxquelles elles se soustraient (hormis par le fait d'en contrôler par soi-même l'application), jusqu'aux autonomies antagonistes, dont les règles marquent un fort écart par rapport à celles qu'elles récusent. On peut aussi distinguer des autonomies inconséquentes, qui refusent une domination imposée de l'extérieur pour mieux affirmer des rapports de domination à l'intérieur, et des autonomies conséquentes, qui excluent l'imposition venue de l'extérieur pour

23 Pour un panorama des significations de ce terme (tant dans les traditions marxistes et libertaires que du point de vue des luttes indiennes), ainsi que pour les débats récents auquel il donne lieu, voir notamment *Pensar las autonomías. Alternativas de emancipación al capital y al Estado*, Sísifo-Bajo Tierra, Mexico, 2011.

mieux écarter les formes de domination qui pourraient exister en leur sein. On peut enfin opposer des autonomies fermées, voire ségrégationnistes, fondées sur une logique identitaire qui instaure une frontière ontologique entre la collectivité autonome et le monde environnant, et des autonomies ouvertes, qui considèrent les relations avec les autres collectivités comme une condition de leur propre existence sociale. On ne peut donc juger d'une expérience d'autonomie sans se demander : autonomie par rapport à quoi ? autonomie pour quoi, pour quel projet social ?

L'autonomie zapatiste n'est pas un simple projet local (ou régional), ni même spécifiquement destiné aux peuples indiens. Tout à la fois soulèvement indigène en quête d'autonomie, lutte de libération nationale et rébellion pour l'humanité et contre le néolibéralisme, le mouvement zapatiste entremêle étroitement les perspectives intranationale, nationale et internationale. C'est même l'articulation de ces différentes échelles qui permet d'écarter les périls que chaque niveau, pris isolément, pourrait comporter, à savoir l'ethnicisme essentialiste, le nationalisme intolérant et l'universalisme abstrait qui finit par être un instrument de négation des différences réelles entre les femmes et les hommes qui composent l'humanité. Bien qu'elle soit menée par des communautés indiennes en s'appuyant sur une spécificité historique et culturelle déniée, l'expérience zapatiste interpelle l'ensemble de la population mexicaine et s'adresse aussi « à tous les peuples du monde ». En fait, elle entend se soustraire à la puissance de son ennemi déclaré, le capitalisme, auquel elle oppose un projet d'émancipation sociale et une expérience d'autogouvernement. Il s'agit d'une autonomie conséquente et fortement antagoniste, et il n'est donc pas étonnant qu'elle ait dû, pour se maintenir, faire face à des menaces permanentes et à d'extrêmes difficultés. On peut la qualifier d'*autonomie rebelle*[24] (ou antisystémique), ce qui indique clairement qu'un tel projet n'a rien à voir avec la dimension institutionnelle de l'autonomie, entendue comme simple décentralisation des pouvoirs d'État.

On a raisonné, jusqu'à présent, à partir d'un système existant auquel l'autonomie permet d'arracher des facultés légales (dans les autonomies intégrées ou systémiques), voire des espaces de liberté (dans les autonomies antagonistes). On doit maintenant se placer dans la perspective plus ample d'un projet d'émancipation. En effet, il est possible d'étendre la portée de la notion d'autonomie, pour en faire le principe d'une autre organisation collective généralisée, qui n'aurait plus à se dissocier d'un système dominant hostile. En tant que principe consistant à se donner à soi-même ses propres normes, l'autonomie implique d'abord la reconnaissance de l'autonomie individuelle (et la confiance dans les capacités de chacun), même s'il ne s'agit nullement de considérer l'existence singulière en dehors des relations interpersonnelles qui la constituent et la rendent possible. Elle consiste surtout à reconnaître aux communautés élémentaires de vie et de production la faculté de s'auto-organiser. C'est la commune, unité locale dans laquelle plusieurs communautés de vie et de production se trouveront associées, qui devrait constituer l'entité essentielle de la coordination collective et donc le cadre d'un autogouvernement radicalement démocratique. Il n'y a pas lieu d'entrer dans la question des modes d'organisation de cet autogouvernement qui, par principe,

---

24 C'est très exactement ainsi que se définissent les communes autonomes, dont le nom complet est « *municipios autónomos rebeldes zapatistas* ».

relève de l'autonomie de chaque commune, et dont les zapatistes donnent un exemple parmi d'autres possibles.

Cette esquisse ne saurait trouver pleinement son sens que dans le cadre d'une société postcapitaliste dont on évoquera les traits possibles au chapitre suivant. Ce monde de l'égalité et du commun invite à poser le primat des tendances à la coopération plutôt qu'à la stricte défense de l'intérêt propre (sans nier les conflits éventuels qui peuvent naître des manifestations de ce dernier). C'est dans cet esprit que les communes seront amenées à s'associer à un niveau régional, afin de prendre des décisions d'intérêt partagé, de réguler productions et échanges, de résoudre d'éventuels contentieux. Un Conseil de représentants des communes pourrait être en charge de ces tâches, comme c'est le cas avec les Conseils de bon gouvernement zapatistes. Sans qu'on ait à en définir par avance les configurations, il est probable que des instances de décision situées à des échelles plus amples (nationales, si ce cadre est jugé pertinent ; continentales ou sous-continentales ; et mondiale) s'avéreront également nécessaires, par exemple pour assurer transports et communication à grande distance, ajuster la production de certains biens, compenser les déséquilibres régionaux et, plus que tout, afin de veiller à la préservation de la biosphère.

Quel peut être le bon équilibre entre l'autonomie des entités locales et les mécanismes d'organisation supralocaux ? Seule la pratique pourra l'établir, en fonction des situations effectives et à travers des processus d'essais et de rectifications. Remarquons seulement qu'un Conseil de représentants des communes est par nature un lieu de médiation entre des intérêts spécifiques et de recherche des meilleures solutions pour tous (il va de soi également que les communes qui y sont représentées en assument les décisions, même lorsque celles-ci entrent en contradiction avec leur point de vue propre). Par ailleurs, le contrôle démocratique des instances étant d'autant plus problématique que l'on s'éloigne du niveau local, on doit réaffirmer l'impératif d'une ample circulation des mandats (courts, non renouvelables et révocables) et le primat d'une autre conception de la délégation, ne conférant qu'une autorité faiblement concentrée et une charge entendue comme service et comme pivot de l'action collective, sur la base d'une vie partagée avec les collectifs représentés. Doivent s'y ajouter la consultation fréquente de ceux-ci, l'expérimentation de divers mécanismes de contrôle, afin de rendre effective la possibilité de la révocation, sans oublier un possible recours au référendum, afin que les décisions majeures soient prises par l'ensemble de la population concernée. C'est pourquoi aussi il importe de limiter autant que possible les tâches incombant aux instances des niveaux les plus amples. S'il est probable que les décisions relatives aux productions lourdes et aux services de communication relèveront surtout du niveau suprarégional ou national, les instances continentales et mondiales devraient pouvoir concentrer leurs efforts sur la coordination des grands systèmes de communication et surtout sur une vigilance écologique dont les injonctions s'imposeront du reste à tous les niveaux de l'autogouvernement.

En bref, il s'agit de concevoir une forme d'organisation politique fondée sur l'autonomie des communes locales et sur leur capacité à se fédérer, en un emboîtement des différentes échelles d'organisation de la vie collective. Même si leur participation aux Conseils régionaux et suprarégionaux implique d'assumer une construction coopérative du bien commun, les entités locales constituent la base et le cœur d'une telle organisation, ce qui n'est possible que dans la mesure où les modes de production de biens et de services privilégient systématiquement l'autoproduction et les circuits les plus courts possibles entre producteurs et consommateurs (malgré le maintien de certaines productions destinées à un usage suprarégional). Par conséquent, ce monde ne constitue ni une collection de cellules locales autarciques ni un système abstraitement mondialisé à partir d'une structuration centralisée. Il ne peut se construire ni en s'enfermant dans un localisme asphyxiant, ni par le coup de force d'un universalisme abstrait. Partir des entités autonomes élémentaires permet de restaurer le sens des lieux et de leurs spécificités que la logique de délocalisation propre à la société marchande tend à faire disparaître. Il s'agit de reconnaître la dimension de l'être-là comme dimension intrinsèque de l'existence humaine. Mais cette part localisée de l'existence et de la vie sociale n'ignore nullement le souci du bien commun. Simplement, elle impose de le construire en procédant par médiations successives, du bas vers le haut (logique du concret, constitutive de l'autonomie), plutôt que par le recours à une instance supérieure unificatrice, qui l'imposerait du haut vers le bas (logique de l'abstraction, constitutive de la forme-État). Elle ne saurait pour autant exclure le désir de se mouvoir, d'aller à la rencontre des autres mondes qui habitent le monde. Tout ce qui fait le prix d'une expérience vitale inscrite dans ses lieux propres doit être en même temps pensé – et pesé – selon une perspective supralocale, notamment parce que la vie implique la conscience des interdépendances écologiques, qui est aussi conscience d'un destin partagé de l'humanité tout entière. Il s'agit donc de combiner et d'équilibrer différentes échelles d'appartenance, depuis la communauté locale jusqu'à la communauté planétaire, sans que l'emboîtement de ces différentes échelles de coopération n'exclue la prolifération de connexions transversales entre communes ou entre régions, au gré des affinités ou des désirs d'échanges spécifiques. Un tel monde suppose la conjonction d'un régime d'autonomies locales, comme fondement d'une vie sociale autogouvernée, et d'un réseau planétaire, ouvrant à l'interconnexion coopérative des entités de vie.

Nous ne sommes que trop habitués à tenir l'État pour la seule forme possible de l'intérêt commun. Toutes les tendances dominantes de la modernité politique se sont employées à nous en convaincre : le libéralisme, dont les débats internes consistent à faire varier le mode de couplage du binôme État-nation/économie de marché ; le réformisme social-démocrate d'inspiration keynésienne qui accentue le rôle de moteur et de contrepoids attribué à l'État et voit aujourd'hui en lui l'ultime rempart contre l'offensive du tout-marchand ; les mouvements révolutionnaires qui ne se sont revendiqués du marxisme qu'en l'associant au léninisme. Dans tous les cas, le peuple qui déléguait sa souveraineté à l'État est devenu une fiction et l'appareil étatique s'est arrogé le monopole de la capacité à définir (abstraitement) l'intérêt général. On peut estimer que les expériences révolutionnaires du XXe siècle ont majoritairement été victimes d'une « surestimation de l'État comme instrument déterminant de la révolution sociale », selon la judicieuse analyse de Karl Korsch [25]. Du reste, l'étato-centrisme et l'incapacité à dépasser un mode de production fondé sur le travail salarié et son exploitation (au nom de la construction d'un État qui n'avait de socialiste que le nom) se sont avérés intimement liés. Le processus révolutionnaire a été assimilé à la prise du pouvoir d'État et à la *conduite étatisée* de l'économie et de la société, entraînant une monopolisation accentuée de la capacité à définir l'intérêt général, ainsi qu'un usage de plus en plus

25 Karl KORSCH, *Marxisme et contre-révolution dans la première moitié du XXe siècle*, Le Seuil, Paris, 1975.

concentré et de moins en moins démocratique du pouvoir d'agir en son nom. On peut tenir le binôme parti d'avant-garde et pouvoir d'État pour un ressort majeur des dérives des révolutions manquées du XXe siècle.

Il y aurait donc quelque sagesse, si l'on veut raviver le projet d'un monde libéré de la tyrannie de la marchandise sans pour autant être voué à le soumettre à un asservissement non moins barbare, à rechercher la voie d'un autre mode de constitution du bien commun. C'est cette autre voie que les zapatistes suggèrent d'explorer, en refusant l'idée d'un parti ou d'une organisation d'avant-garde, en renonçant à la perspective de la conquête du pouvoir d'État et en engageant la construction de formes non étatiques d'autogouvernement. La tentative est certes loin d'être inédite. Dans l'Europe du début du XXe siècle, la réappropriation de la capacité à se gouverner soi-même avait pris la forme des conseils ouvriers et paysans (mais aussi de quartiers, de villes, de régions). En Russie, en 1905 puis entre février et octobre 1917, les soviets acquirent une force croissante et assumèrent presque toutes les fonctions de gouvernement, avant d'en être peu à peu dessaisis par l'exécutif bolchevique [26]. On les retrouve ensuite, en Allemagne, en Hongrie et en Italie, entre 1918 et 1923, puis en Catalogne et en Aragon, en 1936-1937. Du reste, le conseillisme, théorisé par Anton Pannekoek, était déjà en germe au sein de l'Association internationale des travailleurs, dans les années 1860. Malgré sa brièveté et son échec sanglant, l'expérience de la Commune de Paris, applaudie également par Marx et Bakounine, en avait donné l'exemple. On sait la leçon que le premier en avait extraite, non sans s'attirer les moqueries du second, qui prônait de longue date l'« organisation de la société à travers la libre fédération d'en bas

26 Anton Pannekoek, *Les Conseils ouvriers*, Spartacus, Paris, 1982.

jusqu'en haut [27] ». Pour Marx, la classe ouvrière « ne peut se contenter de prendre tel quel l'appareil d'État et de le faire fonctionner pour son propre compte » ; elle doit le « détruire » et établir un régime d'autonomie municipale, afin de « restituer au corps social toutes les forces jusqu'alors absorbées par l'État parasite qui se nourrit sur la société et en paralyse le libre mouvement » [28]. De telles expériences et de telles mises en garde n'ont que plus de prix aujourd'hui, au vu des dévoiements auxquels le fétichisme de l'État a conduit les efforts révolutionnaires du XXe siècle.

Il est temps de dégager les projets d'émancipation de leur asservissement à la forme étatique. Il est temps d'admettre que la construction du bien commun n'est pas nécessairement vouée à s'incarner dans l'État. Il s'agit de renoncer à une conception du politique fondée sur la puissance d'entités abstraites et unifiantes (l'État comme expression de l'Universel, le Parti comme incarnation de la classe ouvrière, etc.) pour faire prévaloir des formes politiques partant de la capacité de faire et de décider de chacun, et ancrés dans la multiplicité concrète des collectifs de vie. La forme politique de l'émancipation, que l'on

---

27 Michel BAKOUNINE, *Théorie générale de la Révolution*, Les Nuits rouges, Paris, 2001.

28 Karl MARX, *La Guerre civile en France*, Éditions ouvrières, Paris, 1957. Un passage du brouillon de l'*Adresse sur la Commune* est plus clair encore : « La Commune ne fut pas une révolution contre une forme quelconque de pouvoir d'État, légitimiste, constitutionnelle, républicaine ou impériale. Elle fut une révolution contre l'*État* comme tel, contre cet avorton monstrueux de la société ; elle fut la résurrection de l'authentique vie sociale du peuple, réalisée par le peuple », cité par Maximilien RUBEL, *Marx critique du marxisme*, Payot&Rivages, Paris, 2000, p. 97. Notons que Marx souligne à la fois le caractère de classe de l'État et son évolution comme organe séparé qui devient « indépendant vis-à-vis de la société » et se comporte en « maître de celle-ci » (*La Guerre, op. cit.*, p. 17 18).

peut dénommer autonomie ou démocratie radicale, suppose l'expérimentation d'un autogouvernement permettant d'empêcher sa cristallisation en une instance étatique séparée [29]. De fait, il n'existe pas de forme politique pure, préservée par nature du risque de reconstitution d'une séparation entre gouvernants et gouvernés, et il n'y a donc nulle formule institutionnelle achevée de l'autonomie. Celle-ci ne saurait être qu'une construction sans fin, une lutte sans relâche contre ce qui pourrait la nier et un effort permanent pour résoudre les litiges qui traversent le commun. Mais du moins faut-il renverser les conditions d'un dessaisissement programmé du peuple souverain et reconnaître une dignité partagée qui confère aux gens ordinaires que nous sommes la capacité de nous gouverner nous-mêmes. Aux représentations d'État qui enseignent à penser d'en haut et abstraitement, peut alors se substituer un regard qui part d'en bas, de la réalité concrète des collectifs, de leur capacité à s'autogouverner et à s'ouvrir à la pluralité des mondes dont le réseau planétaire est tissé. C'est par la coopération des dignités et des autonomies locales que le bien commun peut enfin commencer à se construire.

29 Miguel Abensour souligne l'opposition entre État et démocratie véritable (fondée sur le « principe de l'autofondation continuée ») et insiste sur la nécessité de construire une communauté politique anti-étatique ; voir *La Démocratie contre l'État*, *op. cit.*, ainsi que *Pour une philosophie politique critique*, Sens&Tonka, Paris, 2009.

CHAPITRE 3

La société libérée de l'économie

> « Si ta révolution ne sait pas danser, ne m'invite pas à ta révolution. »
>
> Propos rapportés par le sous-commandant Marcos [1]

Il est temps de rouvrir le futur. Cela n'est possible qu'à condition de lui conférer un mode d'existence inédit, d'élaborer un nouveau régime de futurité. Il s'agit d'échapper au présent perpétuel propre au capitalisme postmoderne, qui dissout toute alternative et nous condamne au « NO FUTURE » de la chape de plomb néolibérale, mais il n'en faut pas moins rompre avec le futur préfabriqué de la modernité, bâti sur les certitudes du progrès et la foi en l'inéluctable advenir des lendemains radieux. Le futur doit être assumé dans son indétermination et son imprévisibilité, mais il n'en est pas moins pensable, imaginable, dans son ouverture même, chargée d'autant de menaces que d'espérances.

---

1 Sous-commandant Marcos, *Saisons de la digne rage*, *op. cit.*, p. 48-49. Il indique avoir entendu cette phrase lors d'une rencontre organisée au Chiapas, puis dans la bouche d'un chef indien du nord du Mexique. La formule est proche du célèbre *« If I can't danse, I don't want to be part of your revolution »*, attribué à Emma Goldman (bien qu'il s'agisse d'une adaptation postérieure, à partir d'un épisode rapporté dans son autobiographie, *Living My Life*, Alfred A. Knopf Inc., New York, 1931).

Il est temps de réveiller le futur, de ranimer notre désir de futur. L'impulsion utopique est indispensable pour nourrir l'action présente et lui conférer sa pleine vigueur. Sans l'imagination d'un monde postcapitaliste possible, nécessaire et urgent, la lutte anticapitaliste n'aurait à peu près aucun sens. Pour autant, il ne s'agit nullement de vaticiner une nouvelle prophétie, ni de boucler un de ces programmes dont les avant-gardes autoproclamées et prétendument éclairées par les lois de l'Histoire avaient, jadis, le secret. Il n'est pas question de breveter les plans d'une cité idéale, descendue du ciel et livrée clés en main. Nul chemin n'est tracé d'avance. Les processus d'émancipation sont et seront l'œuvre des hommes et des femmes de tous les recoins de la planète et il en naîtra un monde encore impensable et profondément divers : un monde fait de multiples mondes. Il serait donc inepte de prétendre prédéfinir ce que sera le monde postcapitaliste, puisque son processus de formation implique la combinaison imprévisible de multiples dynamiques de construction collective. Ce que l'on peut, depuis le présent, entrevoir de l'avenir ne saurait donc, en aucune façon, être tenu pour un modèle que certains pourraient chercher à imposer ou à utiliser pour s'arroger la mission de guider les autres au nom de leur prescience de la Terre promise.

Et pourtant, il convient de commencer à imaginer un après de la société marchande, car notre appétit de futur accroît notre colère face à la misère du présent et démultiplie notre énergie pour l'action. Au reste, l'imaginaire utopique n'avance pas dans le vide, ni ne naît de notre seule soif de justice, de dignité et de fraternité. Il s'abreuve à quatre sources principales. Il s'ancre en premier lieu dans notre refus aussi viscéral que raisonné de l'oppression capitaliste et de la dépossession marchande, tout en étant attentif à ce qui, dans ce triste présent, pourrait être chargé de potentialités libératrices. Il se fortifie au contact des expériences de construction comme celle dont il a été question au chapitre précédent et qui sont autant de fragments, fragiles mais ô combien précieux, d'un futur déjà présent. En outre, il se nourrit, sans pour autant les exempter de toute analyse critique, de la connaissance des sociétés traditionnelles non capitalistes et des formes de vie qui, jusqu'à aujourd'hui, ont pu résister en partie à l'imposition des normes de la modernisation et de la marchandise. Enfin, il doit soumettre les expériences historiques nées du désir d'émancipation à une évaluation aussi lucide que possible. L'imaginaire utopique n'erre pas dans le ciel pur des désirs absolus ; il se construit à partir de formes sociales existantes, de l'expérience et de la compréhension de leurs tensions constitutives, et d'abord *contre* celles que nous refusons. Le futur qu'il s'agit d'ouvrir ne saurait être mis en jeu de manière abstraite, mais seulement à-partir-de-et-en-opposition aux caractères constitutifs du système capitaliste, tout en prenant appui, de façon critique, sur les formes sociales en partie préservées de la logique marchande, qui existent encore aujourd'hui ou qui commencent à émerger. En partant d'une réalité historiquement située, l'imaginaire utopique gagne en force, tout en avouant son caractère nécessairement limité. Aussi ne s'agit-il, au mieux, que de proposer quelques principes élémentaires, soumis à discussion et voués à être dépassés dans la dynamique des processus collectifs d'émancipation. Une seule chose importe véritablement : prendre la mesure des potentialités ouvertes par la destruction du monde de la destruction et esquisser un *espace de possibilités* au sein duquel il y ait place pour une pluralité de mondes [2].

2 C'est cette *ouverture* de possibles multiples, à partir de l'esquisse de linéaments minimaux, qui importe, à l'inverse d'une utopie *normative*,

Il est temps de cesser d'affirmer que nous ne disposons d'aucun imaginaire alternatif à opposer au présent capitaliste. Pour autant, réveiller le futur n'implique pas de tracer par avance le chemin. Il s'agit seulement, mais non sans urgence, d'aviver notre désir de nous mettre en route et de nous charger d'énergie pour entreprendre le voyage. En appeler à l'imaginaire utopique n'implique pas de se livrer à un exercice d'école en quête d'une perfection vouée à demeurer un *hors-lieu* sans rapport avec l'action présente. Il n'y a nulle contradiction entre le désir de commencer à agir dès maintenant et la nécessité de tendre le regard vers l'horizon du monde postcapitaliste qui est notre espérance. Mieux, commencer à rêver et à débattre collectivement de ce que nous voulons construire fait partie intégrante du chemin. Un chemin qui se fait en marchant et se chemine en questionnant, empli de l'énergie qui nous meut vers ce qui n'est pas encore.

La base matérielle de la société postcapitaliste existe déjà

L'augmentation actuelle de la productivité, notamment industrielle, est vertigineuse et certains calculent que, d'ici peu, un cinquième de la population active pourrait suffire à assurer l'ensemble de la production mondiale de biens et de services [3]. Mais les exigences du profit et les nécessités de la compétition à outrance interdisent, au sein du système capitaliste, d'orienter ces gains de productivité vers une réduction du temps de travail. Le chômage massif est devenu une caractéristique

qui prétendrait refermer l'avenir sur un *corpus* de normes susceptibles de totaliser par avance la destinée collective.

3 Voir *supra*, chapitre 1.

structurelle, assurant un rapport de forces favorable au capital qui lui permet d'imposer des conditions de travail dégradées et de généraliser un mode de gestion des populations par la peur de la désintégration sociale et par l'introjection des mécanismes d'auto-adaptation compétitive. L'assujettissement croissant de l'humanité entière à l'idole Travail impose la répartition inégale de celui-ci, entre une portion de plus en plus minoritaire de bénéficiaires d'emplois formels, une marée montante d'emplois informels et une frange condamnée à la macule de l'exclusion du travail. Et cela alors même que les conditions techniques de la production autorisent à penser une radicale libération du travail. Non point la possibilité de libérer *le* travail (du parasitisme capitaliste), mais celle, autrement fondamentale, de se libérer *du* travail.

Imaginer un monde postcapitaliste consiste à saisir, dans toutes ses dimensions, ce que peut être une société débarrassée de la logique de la valeur, de la production-pour-le-profit et du travail-pour-la-survie. Cela suppose notamment – il faut bien prendre les choses par un bout – d'envisager une autre logique sociale fondée sur un principe de dé-spécialisation généralisée des tâches, et ce à l'opposé de la tendance à la division du travail, qui n'est certes pas née avec le capitalisme mais que celui-ci a poussée à un degré jamais atteint auparavant[4]. Ouvrir la voie à *une société de la dé-spécialisation généralisée*, dans laquelle les sphères d'activités explorées par chacun se multiplient au lieu

4 L'accentuation de la division du travail est d'abord liée à la radicalisation de la coupure entre la sphère même du travail et le reste de la vie. Comme le souligne Karl Polanyi, « séparer le travail des autres activités de la vie et le soumettre aux lois du marché, c'était anéantir toutes les formes organiques de l'existence et les remplacer par un type d'organisation différent, atomisé et individuel » (*La Grande Transformation. Aux origines politiques et économiques de notre temps*, Gallimard, Paris, 1983, p. 220).

de se restreindre, comme aujourd'hui, au nom de l'efficacité supposée des « spécialistes », implique d'abord *une révolution du temps*, laquelle associe transformations des usages pratiques du temps et mutations subjectives.

Pour donner consistance à cette révolution du temps, il suffit de commencer à énumérer les domaines de production de biens et de services dont l'existence actuelle ne se soutient que de la logique de la société marchande, de la double nécessité d'accroître sans cesse la production-pour-le-profit et de reproduire l'organisation sociopolitique qui la rend possible. Osons donc trancher à la racine et mesurer l'ampleur des secteurs qui, dans une société non marchande, soucieuse de surcroît d'écarter toute séparation entre gouvernants et gouvernés, deviendraient parfaitement superflus. On peut éliminer sans hésiter tout le personnel militaire et policier, poursuivre avec les banques, le système financier et les assurances (ces dernières seules pèsent aujourd'hui 15 % du PIB mondial), sans se priver du plaisir d'ajouter la publicité et le marketing (qui absorbent 500 milliards de dépenses annuelles, soit près d'un tiers des budgets militaires mondiaux). Finalement, le principe d'un autogouvernement à tous les échelons, tel qu'on l'a suggéré dans le chapitre précédent, condamnerait l'ensemble des bureaucraties nationales et internationales à une complète inutilité.

Des pans considérables de l'appareil industriel seront abandonnés, à commencer par la production d'armes et d'équipements militaires. Les impératifs écologiques et l'affirmation de l'agriculture paysanne rendront caduque une grande partie de l'industrie chimique (notamment l'écrasant secteur agrochimique) comme des biotechnologies fortement contestées (OGM notamment). Le secteur agroalimentaire, exemple type d'une marchandisation perverse des formes de production, s'évanouira, au profit d'une valorisation de l'autoproduction et des circuits locaux de production/consommation. Comme on l'évoquera plus loin, bien d'autres secteurs industriels encore feront l'objet d'une réduction notable de leur activité. Sans affiner plus avant l'analyse, on voit que chaque abandon de production de biens et de services aura des effets démultiplicateurs importants, puisque les besoins en édifices (bureaux, installations industrielles), en matériaux et en énergie, en infrastructures et en transports, s'en trouveront diminués d'autant. Le secteur de la construction sera par conséquent ramené à une échelle bien plus raisonnable qu'aujourd'hui, ce qu'accentuerait encore la régénération des pratiques d'autoconstruction (ou du moins une participation directe des utilisateurs eux-mêmes, aux côtés d'artisans plus expérimentés). Chaque suppression dans la production de biens et de services éliminera à son tour toutes les productions nécessaires à son installation, à son fonctionnement, sans oublier la gestion des déchets engendrés par chacune de ces activités. Pour donner un exemple parmi tant d'autres, la suppression de la publicité (jointe à celle des bureaucraties et à d'autres changements technico-culturels) entraînera une diminution considérable de la consommation de papier, c'est-à-dire aussi de toute la chaîne industrielle qui lui est associée, dans laquelle il faut inclure exploitation forestière, produits chimiques, matériaux nécessaires aux installations industrielles, transport, etc.

Sans nier la pertinence de maintenir des échanges à longue distance, le fait de privilégier, dans toute la mesure du possible, les activités locales et de supprimer les absurdes détours de production qui caractérisent l'économie capitaliste (lesquels mènent, par exemple, de l'ail chinois jusqu'en Europe et de l'eau – oui, de l'eau ! – des Alpes jusqu'au Mexique) réduira à peu de chose la chaîne commerciale actuelle et restreindra encore les besoins en transport. Joint à l'abandon d'une logique de production et d'organisation centrée sur l'automobile et le fétichisme égolâtre qui la soutient, tout cela entraînera une forte contraction de la consommation énergétique, qui pourra être satisfaite grâce aux énergies renouvelables, produites, dans toute la mesure du possible, localement. En conséquence, tout ce qui fonde le poids écrasant du secteur énergétique dans l'économie mondiale actuelle s'évanouira pour l'essentiel. Alors qu'il conduit aujourd'hui les membres des sociétés motorisées à consacrer un quart de leur temps éveillé au transport [5], le privilège exorbitant de ce secteur, où se conjoignent l'expansion démesurée des échanges marchands, l'allongement des déplacements associés aux formes actuelles de la division du travail et la cristallisation dans l'objet-automobile du culte de la vitesse et des fantasmes de liberté et de puissance individuelles, disparaîtra également, faisant place à des déplacements moins nombreux mais choisis et dont la plupart pourront se satisfaire de technologies restreintes et non polluantes (bicyclette ou autres).

La question de la production des biens de consommation est plus délicate et devra faire l'objet d'un examen attentif, visant d'une part à généraliser la disponibilité de ceux qui seront jugés véritablement pertinents et de l'autre à éliminer un nombre considérable de marchandises, parfois plaisantes quoique facilement identifiables comme superfétatoires, et plus souvent encore franchement frelatées. En tout état de cause, ce n'est pas sur ces biens de consommation que doit porter prioritairement

---

5 Ivan ILLICH, *Énergie et équité*, Le Seuil, Paris, 1973, repris dans *Œuvres complètes*, vol. 1, Fayard, Paris, 2004. Il convient donc d'ajouter, à la réduction du temps consacré au travail, la forte réduction du temps de transport, qu'il soit lié au travail, aux exigences de la consommation ou, plus largement, à un modèle de vie que la société postcapitaliste renverra dans les oubliettes de la préhistoire.

la réflexion sur la décroissance. Ce que l'on a dit jusqu'à présent montre que celle-ci n'a de sens et de portée véritable que dans le cadre d'une société non marchande et suggère que, dans ce contexte postcapitaliste, l'élimination massive de secteurs d'activités concernera d'abord le champ dit des services et celui des industries lourdes. Ce serait donc une vue beaucoup trop étroite que d'espérer freiner la surenchère productive en prenant pour cible principale la consommation des classes moyennes et des élites, au sein du modèle social actuel. C'est sur un tout autre terrain que celui d'une « culpabilisation » des consommateurs que la question d'une véritable décroissance doit être posée [6]. Qu'il y ait aujourd'hui une surconsommation susceptible d'être éliminée, pour peu qu'elle cesse d'être entretenue par les nécessités du profit et les illusions auxquelles expose la mesure objectivée de l'image de soi, est évident. Qu'il y ait aussi une sous-consommation, plus amplement partagée encore, ne l'est pas moins et l'élimination des pénuries alimentaires dont souffre un tiers de l'humanité est un préalable obligé [7]. Toutefois, si dans la logique du système actuel, prêchant les mérites de la croissance et du développement, il n'y aurait aucune raison de dénier à une part majoritaire de l'humanité l'accès à des biens manufacturés dont l'Occident

6 Il ne peut y avoir de véritable décroissance sans la construction d'une « société de la décroissance » (c'est-à-dire postcapitaliste), comme le suggère Serge Latouche (voir notamment *Sortir de la société de consommation*, Les Liens qui libèrent, Paris, 2010 et *Vers une société d'abondance frugale. Contresens et controverses sur la décroissance*, Mille et une nuits, Paris, 2011). Voir aussi André Gorz, « Crise mondiale, décroissance et sortie du capitalisme », repris dans *Écologica, op. cit.*, chap. 5.

7 En précisant toutefois que ce n'est pas par la généralisation des modèles de la consommation marchande que peut être éliminée une misère qui est largement créée par la guerre que le système capitaliste mène contre les formes traditionnelles de subsistance ; voir Majid Rahnema et Jean Robert, *La Puissance des pauvres*, Actes Sud, Arles, 2008.

confortable se targue de jouir depuis longtemps, la question se poserait tout différemment dès lors que ces sinistres privilèges se seraient évanouis, en même temps que le système social oppressif et mortifère dont ils sont l'expression. Au Nord comme au Sud, il devrait être possible d'assurer, comme le réclament notamment les peuples amérindiens, le bien vivre pour tous, en faisant partout appel aux possibilités d'autoproduction et aux savoirs traditionnels de subsistance, là où ils existent encore, non sans lier le recours aux biens manufacturés à la considération du coût social et écologique de leur production.

Enfin, l'une des dimensions les plus inacceptables du gâchis actuel tient à l'accentuation d'une logique de l'obsolescence, qui n'est rien d'autre qu'une production-pour-la-destruction. Au contraire, produire des objets destinés à durer le plus longtemps possible et susceptibles d'être réparés en cas de dysfonctionnement réduira considérablement la quantité de biens à produire, sans parler de l'élimination des dégâts écologiques et des dépenses en travail, en matériaux et en énergie occasionnés par les montagnes de déchets qui submergent le monde actuel [8].

Au-delà des suppressions massives mentionnées plus haut, il serait tout à fait illégitime de déterminer précisément, dès à présent et abstraitement, quels biens devront continuer à être produits ou non et quels « services » seront tenus pour socialement pertinents. Ces choix devront être arrêtés collectivement, dans les assemblées locales, régionales, continentales, voire planétaires dont il a été question au chapitre précédent, sur la base

---

8 Ajoutons que les possibilités techniques nouvelles permettront de repenser la production des biens manufacturés, même les plus complexes d'entre eux, en les inscrivant à une échelle déconcentrée. En ce sens, voir par exemple les remarques relatives à l'autoproduction communale coopérative, sur la base de systèmes technologiquement très avancés, dans André Gorz, *Écologica*, *op. cit.*, p. 116-122.

d'une logique sociale n'ayant plus rien à voir avec celle qui régit le monde de la valeur et de la marchandise [9]. On peut prévoir qu'ils feront l'objet, au-delà de quelques points aisément consensuels, d'âpres débats, opposant vraisemblablement des visions plus enclines à faire confiance aux solutions techniques et d'autres plus technophobes. De plus, les options retenues pourront varier fortement selon les lieux, notamment en fonction des traditions culturelles propres aux multiples collectifs humains qui habitent la planète. Pleinement légitimes, de telles différenciations, locales ou régionales, pourraient provoquer des déséquilibres dont l'accentuation risquerait de s'avérer problématique, et il appartiendra donc aux instances de décision continentales ou planétaires de veiller à ce que ces déséquilibres ne dépassent pas certains seuils critiques, ou du moins à ce que leurs effets soient traités de manière à éviter de possibles conflits. Enfin, ces choix pourront aussi varier dans le temps : on peut imaginer un processus d'éloignement progressif des habitudes héritées du système productiviste actuel, à mesure que les bénéfices de son abandon conduiront à valoriser les conditions de vie rendues possibles par la disponibilité temporelle et la dé-spécialisation généralisée. Mais on peut aussi imaginer des transformations liées à d'opportunes rectifications des

9 Les paragraphes suivants se réfèrent exclusivement à la part du faire qui requiert organisation et décisions collectives. Quant au temps disponible, il est par définition ouvert à la libre détermination de chacun, en fonction de ses inclinations personnelles et interpersonnelles, de l'expansivité de sa créativité propre, de son désir de partager et de multiplier les joies de la vie. La part d'autoproduction et d'autocréation relevant du temps disponible de chacun ne requiert pas davantage d'intervention collective. Tout cela est à la fois l'essentiel et ce qui, relevant de la liberté de chacun, n'appelle aucun commentaire particulier dans le cadre d'une réflexion relative aux formes de l'organisation collective.

expériences antérieures, ainsi qu'à la prise en compte des évolutions des écosystèmes.

Malgré toutes ces incertitudes, il peut être utile d'évoquer deux critères possibles, en vue des choix productifs à opérer. Le premier est la mesure de l'impact écologique de chaque production, en prenant soin d'inclure toute la chaîne allant de l'extraction des matériaux nécessaires jusqu'au traitement des déchets produits, en passant par les besoins en infrastructures et en transport. Il se peut qu'il conduise à juger insoutenables certains types de production. Attentif aux implications sociales de chaque choix productif, le second critère consisterait à placer le bénéfice collectif attendu de chaque bien ou service en regard des contraintes qu'implique sa production, et notamment de la charge de travail qui en découle, tant directement qu'indirectement. Ce critère devrait constituer une forte incitation à écarter le plus grand nombre possible de services et de produits, car il y a tout lieu de penser que les collectifs humains seront peu enclins à sacrifier à la légère l'un de leurs biens les plus précieux : le temps de vivre. C'est très exactement cela que signifie mettre fin au règne de l'Économie et subordonner les activités productives à la préservation des formes de vie collectivement choisies. Et c'est en cela que la récupération de la centralité du temps concret et de l'auto-organisation de la vie individuelle et collective implique une limitation radicale de l'exigence de production [10].

---

10 Ce point me semble insuffisamment pris en compte par Moishe Postone. Il souligne très clairement que l'abolition de la valeur impliquerait que l'humanité cesserait d'être soumise à l'exigence de la production ; mais il évoque alors le déploiement d'une société « fondée sur la richesse matérielle » et une croissance de celle-ci radicalement dif-

Révolution du temps et dé-spécialisation généralisée

Malgré les incertitudes et les difficultés relevées, ce qu'on a dit jusqu'ici suffit pour avancer sur un point décisif (outre le fait, tout aussi essentiel, que la suppression massive de productions de biens et de services ouvre la voie à une réduction drastique de la pollution, à un usage raisonnable des ressources naturelles et par conséquent à un tarissement de la contradiction actuelle entre les formes d'organisation des sociétés humaines et les conditions écosystémiques de leur reproduction). Par un calcul peut-être encore trop prudent, on peut estimer que, sous le régime d'une logique sociale inédite, l'essentiel de la production d'aliments et de biens manufacturés ainsi que les services de base requis par la collectivité (principalement en matière de santé, à quoi on peut ajouter une chaîne de distribution réduite, ainsi que la part des transports organisée collectivement [11]) pourront être assurés grâce une activité également répartie entre tous ses membres et demeurant inférieure à 12 ou 16 heures par semaine (on trouvera en annexe des indications plus précises relatives à ce calcul dont, au

---

férente de la croissance capitaliste (*op. cit.*, p. 461). Toutefois, et sans qu'il soit nécessaire de recourir à un postulat éthique d'austérité, on voit bien que le respect des équilibres écologiques et plus encore peut-être le goût du temps disponible poussent à une claire limitation des exigences productives. Le temps de vivre – en tant que condition de l'expansion des subjectivités, de la multiplication des expériences créatives et de la construction intersubjective des collectivités – peut être tenu pour une richesse immatérielle au moins aussi importante que les biens matériels qui appellent une organisation collective de la production.

11 La mise en opération et la maintenance des réseaux de télécommunication ne sont pas prises en compte ici ; elles peuvent toutefois être rattachées à la production des appareillages informatiques et communicationnels.

demeurant, seul l'ordre de grandeur importe véritablement [12]). La manière d'organiser une telle répartition pourra donner lieu à diverses options qu'il n'est pas nécessaire d'évoquer ici, sinon pour suggérer que chacun devrait pouvoir expérimenter des tâches multiples, soit par une alternance sur des temps courts, soit par des changements au cours de la vie. On peut aussi envisager différentes manières de combiner des tâches productives d'intérêt commun s'inscrivant à des niveaux supralocaux (notamment pour les productions lourdes qui demeureraient nécessaires) et d'autres ayant un caractère local (notamment pour la production d'aliments et de services).

Encore faut-il ajouter, à ces tâches productives, les activités d'*organisation* de la vie collective, qui peuvent avoir un caractère moins impératif et en partie librement assumé, mais dont on ne doit pas se cacher qu'elles sont aussi voraces en temps. Il s'agit en premier lieu de la participation aux instances d'autogouvernement, tant au niveau local qu'aux différentes échelles supralocales. Ces tâches, liées à des mandats courts et non renouvelables, sont par définition provisoires, mais l'ample dispersion des charges d'organisation collective au sein du corps social les multiplie nécessairement, de sorte que nombreux sont

12 On pourra juger paradoxal d'accorder autant d'attention à la mesure du temps d'activité socialement nécessaire, alors qu'il s'agit de fonder les principes d'une société définie par le temps disponible et, plus profondément, par la prédominance d'un temps concret, non mesuré. C'est simplement qu'il est impossible de penser la société postcapitaliste autrement qu'à-partir-et-contre la logique capitaliste actuellement dominante : il est indispensable de mesurer la détente temporelle qu'entraînerait l'abolition de la logique de la valeur, pour montrer que prévaudrait alors un temps disponible, libre de toute mesure. En outre, on peut imaginer une évolution de la société postcapitaliste, passant d'une mesure nécessaire (et peut-être exagérément scrupuleuse) du temps d'activité socialement requis à un relâchement progressif de cette mesure.

ceux qui y consacreront une part de leur temps. Le peu qui resterait de tâches de justice et de police – car on ne peut imaginer que disparaissent entièrement tout conflit, tout besoin d'arbitrage, ni même toute infraction aux normes collectivement reconnues – fait également partie des fonctions d'autogouvernement et doit être aussi réparti, de manière rotative, au sein de chaque commune. L'entretien des infrastructures de village ou de quartier (rues, édifices d'usage collectif, etc.) devra faire l'objet de moments voués aux tâches communautaires, comme bien des peuples les pratiquent encore aujourd'hui de par le monde.

Enfin, si l'éducation n'a pas été mentionnée précédemment parmi les « services » à maintenir au même titre que le domaine de la santé, c'est parce que l'on fait l'hypothèse d'une éducation amplement déscolarisée (mais c'est un choix qui ne peut qu'être arrêté collectivement, non sans être régulièrement soumis à révision) [13]. Par cette expression, on entend l'acquisition d'un ensemble d'apprentissages théorico-pratiques accomplis « sur le terrain », c'est-à-dire en rapport avec des activités sociales effectives (apprentissages volontaires auprès de praticiens capables de transmettre les outils associés à leur pratique et à la compréhension profonde de celle-ci). Une autre partie des apprentissages élémentaires, rendus d'emblée plus faciles par une distribution sans cesse plus égalitaire du capital intellectuel et culturel parmi les adultes, mais aussi plus attrayants par leur interaction avec les expériences et les curiosités de la vie concrète, pourrait être assumée par des groupes de parents ou d'adultes intéressés, avec le concours, pour des

---

13 Voir Ivan ILLICH, *Une société sans école*, Le Seuil, Paris, 1971 et *Dans le miroir du passé*, Descartes & Cie, Paris, 1994 (repris dans *Œuvres complètes*, *op. cit.*, vol. 1 et 2).

aspects plus spécifiques, des personnes adéquates. Il est aussi possible de favoriser une implication des enfants eux-mêmes, d'une part par leur engagement dans la construction collective des apprentissages et, d'autre part, par le rôle d'accompagnement et de formation, particulièrement valorisant et responsabilisant, que chaque groupe d'âge peut assurer auprès des plus jeunes. Toutefois, si une déscolarisation complète des apprentissages est possible, il est aussi envisageable d'opter pour un système mixte, seulement en partie déscolarisé. Dans ce cas, un noyau de personnes faisant de l'enseignement son mode de participation principal à la production collective des biens et des services, aurait pour fonction d'organiser les apprentissages et de coordonner la participation des groupes de parents, des enfants eux-mêmes, ainsi que des personnes disposant de connaissances particulières dans certains domaines théorico-pratiques.

Le domaine de la santé a au contraire été retenu parmi les services dont l'utilité patente imposait le maintien au titre des tâches productives socialement nécessaires. Toutefois, son mode de fonctionnement doit être entièrement repensé, sur la base des critiques adressées à une médecine hypertechniciste, trop souvent marquée par les certitudes hautaines d'une science objectivante et de plus en plus pénétrée des schèmes productivistes de l'économie de marché [14]. Outre que l'extension des pathologies sera contenue par la forte réduction des facteurs de stress et de la fatigue liée au temps d'activité obligé, par l'abandon d'un mode de vie et d'alimentation aussi peu sain que possible, ainsi que par l'élimination des substances toxiques (notamment les perturbateurs endocriniens et autres

14 Voir par exemple Ivan Illich, *Nemesis médicale*, Le Seuil, Paris, 1975 (*Œuvres complètes*, *op. cit.*, vol. 1).

composants cancérigènes) que l'actuel système industriel fait proliférer, il sera possible de s'orienter vers une dé-spécialisation partielle du domaine de la santé. Comme le montrent de nombreuses expériences en ce sens, une formation simple permettrait à des agents communautaires de diffuser des principes de prévention et de traiter les maladies les plus simples. Il n'en reste pas moins qu'une partie des soins continuera d'exiger une formation longue et une solide expérience (qu'il s'agisse de la médecine occidentale ou non occidentale) et, pour les pathologies les plus lourdes, des lieux d'exercice très qualifiés. Ainsi, l'exigence de dé-spécialisation ne pourra vraisemblablement prospérer dans ce domaine que pour mieux s'affronter à l'une de ses limites les plus nettes.

Enfin, le maintien d'une activité de recherche scientifique se trouvera sans doute aussi associé à un degré de spécialisation encore élevé. Occupant actuellement une proportion infime de la force de travail, elle devra être profondément réorientée, tant les champs de recherche appliquée que l'univers marchand a privilégiés (biotechnologies orientées vers les secteurs de haut profit, recherche militaire et spatiale, etc.) diffèrent de ceux qui pourraient intéresser les collectivités d'une société postcapitaliste. Parmi ceux-ci, on peut mentionner les technologies permettant de favoriser un retour à de meilleurs équilibres écologiques, d'améliorer la qualité de vie (santé, agro-écologie), de rendre moins contraignantes les tâches productives et, plus généralement, de favoriser une « production plus autonome de valeurs d'usage [15] ». Quant à la recherche fondamentale, il n'y a

15 Ivan Illich, *La Convivialité*, dans *Œuvres complètes*, *op. cit.*, vol. 1 (où il avance notamment la distinction entre outils conviviaux et outils non conviviaux). Voir aussi *Le Travail fantôme*, dans *Œuvres complètes*, *op. cit.*, vol. 2, où il souligne la contribution souhaitable des outils convi-

pas lieu d'en limiter le champ, même si le statut de cette activité, associée à un investissement hautement passionnel, devra être repensé et faire également l'objet d'une dé-professionnalisation partielle. Enfin, plutôt que de concevoir la transmission de ces savoirs comme un domaine à part entière, on peut opter pour confier à ceux qui se consacrent aux tâches de recherche celle de transmettre leurs compétences à d'autres, mais aussi de contribuer à l'enseignement de leurs disciplines aux enfants et adolescents engagés dans l'acquisition des savoirs élémentaires, ce qui serait un bon moyen de restreindre la spécialisation d'un domaine probablement appelé à déborder la norme tendancielle de non-spécialisation de la société postcapitaliste.

Au total, on peut estimer que les activités d'organisation de la vie collective et de contribution aux apprentissages socialisés pourraient requérir (avec quelques variations en fonction des charges assumées) entre 10 et 12 heures par semaine. Si on ajoute cette estimation à celle proposée pour les tâches de production de biens et de services, on atteint 22 à 28 heures hebdomadaires, ce qui, en tout état de cause, reste dans la limite, fort restreinte, de 4 heures par jour. Au-delà de tels décomptes, ce sont les conséquences civilisationnelles de cette révolution du temps qu'il importera de souligner. Toutefois, avant de s'engager dans cette voie, il peut être utile de revenir sur la distinction établie ici entre deux types d'activités socialement nécessaires : les tâches de production de biens et de services ; les activités d'organisation de la vie collective et de participation à la diffusion des apprentissages. Cette différenciation n'est qu'une hypothèse préalable, qui peut tout à fait être remise en cause ; mais elle paraît importante pour conforter une logique

---

viaux modernes à la formation d'une forme rénovée de subsistance, « libérée des tâches fastidieuses de l'ancienne subsistance ».

de dé-spécialisation et, notamment, pour éviter la reproduction d'un fossé entre prise de décision et application, voire entre gouvernants et gouvernés. En outre, cette différenciation semble pertinente dans la mesure où les tâches de production présentent, malgré toutes les transformations qui affecteront leur pratique et leur statut, un caractère plus contraignant et, éventuellement aussi, sont plus éprouvantes physiquement ; elles supposent aussi des capacités spécifiques qui impliquent un engagement relativement prolongé dans le temps (quoique ni exclusif, ni immuable). Le rythme d'investissement personnel dans ces tâches n'est donc pas le même que celui qui concerne les activités d'autogouvernement et d'apprentissage. La différenciation entre production d'un côté et organisation collective et transmission des savoirs de l'autre semble nette, même si la place de certaines activités peut prêter à discussion.

Enfin, des difficultés nombreuses, et fort sérieuses pour certaines d'entre elles, ne manqueront pas de se présenter. On a déjà évoqué les débats contradictoires que susciteront les décisions collectives sur les productions de biens et de services retenues comme socialement pertinentes, ainsi que les conflits qui pourraient surgir entre les collectifs que des traditions culturelles différentes conduiraient à prendre des options distinctes (surtout si certains devaient juger que les choix faits par d'autres pourraient avoir des conséquences néfastes pour eux ou attenter à leurs conceptions de l'intérêt collectif). Comment surmonter les tensions qui ne manqueront pas de surgir entre le respect de l'autonomie des collectifs locaux (communes ou groupes régionaux de communes) et l'exigence d'équilibre qui implique de répartir équitablement les obligations et d'assurer à tous, pour autant qu'ils le souhaitent, un même accès aux ressources, malgré leur localisation géographique irrégulière ? Comment assurer la participation de tous aux tâches collectives sans sombrer dans une pernicieuse obsession de la mesure ? Comment distribuer aussi justement que possible les tâches les plus pesantes et les plus ingrates ? Comment éviter que certaines d'entre elles, ancrées dans des lieux spécifiques (par exemple, l'extraction minière, dans la mesure où celle-ci serait maintenue, quoiqu'à un niveau très réduit par rapport à la situation actuelle), ne retombent sur une partie, alors désavantagée, de la population ? Enfin, comment empêcher que les activités réclamant une formation particulièrement longue, comme la médecine ou la recherche scientifique, ne viennent contrer, malgré toute l'inventivité que l'on peut mettre à en repenser la pratique, une logique sociale générale fondée sur la dé-spécialisation ? Comment préserver cette dernière en faisant néanmoins toute sa place à un faire passionné et volontiers chronophage, notamment dans la pratique de certains arts ? Quel statut accorder à certaines formes de production artistique et culturelle dont la pertinence collective est évidente, mais dont on devra déterminer s'il convient de les intégrer à l'ensemble des tâches de production de biens et de services socialement assumées [16] ?

Enfin, faudra-t-il maintenir une corrélation entre la tâche spécifique d'intérêt commun réalisée par chacun et son droit à une part des biens produits (ce qui implique, aussi circonscrit que puisse en être l'usage, une forme de monnaie et, surtout, l'attribution d'une valeur à chacun de ces biens) ? Ou bien pourra-t-on rompre toute commensurabilité entre l'activité réalisée et l'accès aux biens et services disponibles ? Ceci aurait l'extrême

16 Une bonne partie des activités créatives cesseront d'être des tâches spécialisées, tandis que les biens immatériels numérisés feront de leur reproductibité illimitée la condition d'un usage collectif et coopératif. Certains types de production culturelle pourraient néanmoins être considérés comme des tâches collectivement assumées.

avantage de rendre tout instrument monétaire inutile et d'écarter l'idée d'une valeur mesurable des biens et des services produits. Mais il faudrait, pour rendre cette option viable, être certain que l'accès aux ressources ferait l'objet d'une autolimitation raisonnable, sous l'effet d'une éthique du commun consciente qu'il n'y a pas d'avantage individuel durable qui ne se fonde sur des contraintes collectivement assumées.

Le travail est mort, vive l'âge du faire !

Pour obligée qu'elle soit, la participation de chacun aux tâches de production et d'organisation devrait s'avérer moins un poids qu'un motif de satisfaction et une occasion d'expériences intersubjectives bénéfiques. Mais le point crucial qui transforme jusqu'au sens même des activités et des tâches précédemment évoquées, c'est la plage temporelle qui demeure intacte, hors de leur portée. C'est ce temps offert à ce que chacun décide de faire, pour soi ou pour les autres. C'est en cela que la société postcapitaliste est avant tout une société du *temps disponible*. Dans le monde capitaliste, le « temps libre » n'est que l'envers du travail, son indispensable complément voué à la consommation, quand il n'est pas vampirisé par la production de l'employabilité de soi ou bien livré à la désespérante vacuité à laquelle condamne le chômage. Dans la société postcapitaliste, le temps disponible n'est pas un reste ; il est l'essentiel. De fait, il n'est plus même question de travail, activité subie et ordonnant la vie tout entière, qui impose de se dessaisir de ses capacités manuelles ou intellectuelles et de les engager dans un projet dont la maîtrise revient à d'autres [17]. Dans

---

17 Sur les implications de l'abolition du travail, en tant que médiation sociale généralisée, voir Moishe Postone, *Temps, travail et domination sociale*, *op. cit.*

le salariat, le travailleur reste séparé des moyens de son activité et étranger aux fins de celle-ci ; il est dessaisi du sens effectif de son activité. L'abolition du travail salarié restitue l'unité du faire humain. Elle annule la dissociation entre le faire et la prise des décisions liées à ce faire et rend à ceux qui font le contrôle de leur activité.

Alors que le régime capitaliste est fondé sur une logique de division du travail et de spécialisation croissante, l'âge du faire et du temps disponible autorise une dé-spécialisation généralisée, qui ouvre à chacun la possibilité d'expérimenter de multiples champs d'activités et de facultés (ce qui, de surcroît, permet de réaliser soi-même de nombreuses tâches qui requéraient auparavant le recours au travail d'autrui et à la consommation marchande). Le temps disponible est par définition ce que chacun décide d'en faire. Il n'y a donc, à cet égard, aucune prescription à énoncer et le plus sage serait sans doute de n'en rien dire, précisément parce que c'est le plus important. Mais on peut tout aussi bien, pour cette même raison, se laisser aller à imaginer ce temps de la joie, de l'amour et de l'amitié, de la danse et de la créativité. Un temps des plaisirs du faire autant que des curiosités du savoir, de la pratique musicale ou culinaire, de l'expérimentation philosophique ou horticole. Dans une telle société, une même personne pourrait être amenée successivement ou simultanément à fabriquer des pneus de bicyclette et à siéger dans les Conseils d'autogouvernement, à cultiver des tomates ou du maïs et à partager des problèmes mathématiques avec les enfants du quartier, à participer à l'élaboration d'un logiciel coopératif et à faire le ménage, sans parler, entre mille et un domaines ouverts à l'exploration de tous, d'une passion pour l'anthropologie des rites d'inversion ou pour l'art littéraire des scarabées. Aucune division hiérarchique entre activité manuelle et activité intellectuelle n'a place dans un tel monde, ce qui écarte par la même occasion toute prééminence de la tête sur le corps, de la pensée sur les émotions, du masculin sur le féminin, de la théorie sur la pratique.

La société du temps disponible induit une autre temporalité, qui est aussi le fondement d'une autre subjectivité. À la tyrannie des temps brefs et de l'urgence, à la logique du temps mesuré qui enferme chacun dans le couloir d'une course réglée comme une infaillible machinerie, s'oppose un temps de la disponibilité, ouvert à toutes les ramifications de l'échange, à tous les embranchements des devenirs possibles. Au temps quantifié, dominé par l'obsession du rendement, s'oppose un temps quantitatif et concret : le temps de la vie vécue et de la convivialité. On pourrait opposer, au culte marchand de la vitesse et à son impatience constitutive, un éloge de la lenteur et de la patience – vertus assurément indispensables dans un univers fondé sur des rapports coopératifs et sur la construction, pas toujours aisée, de décisions communes. Mais il s'agit plus encore de penser un temps offert à une complète pluralité des rythmes, un temps versatile et pleinement libre. Alors, le droit à la lenteur, à la flânerie, au temps qu'on perd sans jamais le perdre vraiment peut se combiner au sens de l'urgence, sans avoir à ostraciser la vitesse, qui, pour certains du moins, peut aussi avoir ses charmes, pourvu qu'elle ne prétende pas s'imposer comme unique registre de temporalité légitime.

Surtout, cette pluralité de rythmes s'insère dans un régime de *détente temporelle* qui est propre à l'aisance du faire réunifié, tout comme la compression temporelle était associée aux exigences de productivité et de rendement du travail mesuré. À l'opposé de la chrono-contrainte qui fonde la société marchande, la décompression temporelle est la condition d'une dé-spécialisation généralisée du faire. Mais on ne saurait pour autant opposer unilatéralement un sens de la durée et des temps longs au culte de l'instantanéité marchande. La conscience de l'irréversibilité du temps ne peut qu'intensifier la saveur de chaque instant, de sorte que détente temporelle et valorisation de l'instant pourront jouer longtemps de leurs accords et de leurs désaccords. Pourtant, la temporalité de l'instant n'est pas le culte de l'instantanéité : loin de tout souci de performance, elle cristallise l'*instan-sité* de la vie.

La société du temps disponible est aussi une société de l'enfance : la première sans doute depuis le paléolithique dans laquelle les adultes aient réellement et *tous également* le temps de s'occuper des enfants. L'enfance y serait la première des valeurs, car une société ne vaut que ce que vaut sa capacité à faire de cette énergie très partiellement socialisée qu'est l'enfance le fondement d'une vie sociale digne et épanouie, à accompagner cet âge de l'autonomie restreinte vers une vie collective régie par une pleine autonomie. Dans une histoire longue, faite de violence, de misère, d'exploitation et d'injustice, l'enfance a trop longtemps été l'âge des dressages autoritaires, des frustrations et des rancunes que tant d'autres humiliations se sont acharnées à déverser sur elle. Il en est résulté, tout au long de l'histoire, la fatalité d'une vie sociale tissée d'incompréhensions, d'impossibilités à reconnaître l'autre, de haines enfouies et de blessures ouvertes ; et cela malgré les avancées ambivalentes d'un XXe siècle baptisé « siècle des enfants » mais qui, par l'intensification de la violence génocidaire, de l'exploitation au travail et des conditions de vie misérables, n'en a pas moins battu tous les records de barbarie à leur encontre.

Imaginons alors l'horizon totalement neuf qu'ouvre une société de la détente temporelle et de l'enfance. Une société qui, par sa disponibilité bienveillante envers les enfants, leurs rythmes propres et leur art du jeu, se donne les moyens d'encourager toutes leurs potentialités affectives et créatives, tout en les guidant peu à peu vers la maîtrise de leur propre exubérance : voilà la source vive d'une démultiplication insoupçonnée du faire humain, voilà la source joyeuse d'une subjectivité coopérative enfin possible. Il ne s'agit nullement de postuler une enfance idéale, sans conflit psychique ni frustration aucune, grandissant au milieu d'adultes parfaits. Il s'agit seulement de souligner combien une vie sociale radicalement transformée aiderait à ramener ces difficultés à des proportions bien plus restreintes que dans l'actuelle modernité et à surmonter avec beaucoup moins de peine d'inévitables tensions et conflits. Ces réserves faites, serait-il exagéré d'évoquer une humanité nouvelle, dotée d'énergies créatrices et de talents multiformes dont, engoncés comme nous le sommes dans un monde où les tensions sociales démultiplient et enveniment les tensions psychiques, nous ne saurions avoir une pleine idée ?

Subjectivités coopératives et foisonnement des singularités

Une éthique ne vaut que par son adéquation aux conditions réelles de la vie sociale. La société que l'on décrit n'est pas un monde de l'abondance absolue et de la satisfaction illimitée des désirs. La préservation des équilibres écologiques impose à une humanité nombreuse une retenue certaine. Cessant de se croire maîtres de la nature pour se reconnaître partie intégrante de celle-ci, les humains sont obligés par des règles de coexistence avec les autres espèces ; et cette responsabilité à l'égard du vivant tout entier appelle un sens de la mesure. De même, le souci d'autrui et le sens du collectif peuvent être reconnus comme constitutifs de l'existence et intégrés à la conception même de l'autonomie individuelle. On peut donc opposer un sens de la proportionnalité[18] à l'illimitation à laquelle prétend la société marchande. Il n'en reste pas moins que les proportions qui siéent à l'âge du faire sont bien plus amples et plus libres que l'irresponsable expansivité du capitalisme – laquelle ne fait que traduire le principe de mesure quantifiée abstraite qui en est le fondement et qui disparaît une fois la logique de la valeur abolie. Reconnaissons qu'une organisation écosociale qui assure à tous ses membres le « bien vivre » (notion forgée par les mouvements indiens d'Amérique latine et sur laquelle on reviendra) et préserve le primat du temps disponible devrait pouvoir affirmer son sens des proportions sans priver l'expansivité des forces vitales d'une aire de jeu bien plus généreuse que celle que les séductions des fétichismes marchands se targuent de mettre à sa disposition. Il ne saurait donc s'agir d'une société *ajustée*, où le désir de chacun se devrait de correspondre par principe à l'intérêt de tous, ni d'une société *moralisée*, où chaque action devrait être réglée sur un modèle de vie standardisé, imposé comme condition d'appartenance à la collectivité. Répétons qu'une société de la détente temporelle et de la puissance de faire est aussi un monde de la créativité démultipliée et de l'intensité des joies. En fait, son sens de la mesure, dans les domaines où celui-ci doit prévaloir (le respect de la Terre Mère, le souci d'autrui et le sens du collectif), se combine, partout ailleurs, à l'expansivité des expériences vitales et au goût de la dépense : la fête, la danse, le jeu, les désirs y ont

18 Sur cette notion, voir Ivan Illich, « La sagesse de Leopold Kohr », repris dans *La Perte des sens*, Fayard, Paris, 2004 et Jean Robert et Valentine Borremans, « Préface » à Ivan Illich, *Œuvres complètes*, *op. cit.*, vol. 1. Le terme a été repris par le sous-commandant Marcos pour désigner la capacité à mesurer jusqu'où s'étend l'espace qui correspond à chacun et où commence celui d'autrui, soit la base indispensable au développement de relations respectueuses au sein d'un monde fait de multiples différences (*Saisons de la digne rage*, *op. cit.*, p. 243-247).

toute leur part. Mais la notion même de dépense, qui n'a de sens qu'à s'opposer à la logique glacée de l'utilité et de l'intérêt, perd beaucoup de sa pertinence quand l'essentiel de l'existence cesse d'être soumis aux impératifs de la quantification [19].

L'individualisme au sens plein du terme est le produit de la modernité capitaliste. Son mythe fondateur – l'image d'un individu préexistant à l'état social – permet de concevoir un moi autonome, constitué indépendamment de toute relation avec autrui et entrant *a posteriori* dans le jeu social pour satisfaire des besoins définis de manière purement instrumentale. L'atomisation qui en découle est la condition de la concurrence qui doit régir les marchés, et en premier lieu celui du travail. Elle est également la condition du face-à-face que chaque citoyen doit entretenir avec l'État qui prétend le représenter, mais aussi l'encadrer pour le guider vers son propre bien. Voilà donc l'« homme » abstraitement paré d'égalité et promu seul principe de sa propre action. Toutefois, malgré la force émancipatrice de

---

19 Au total, la notion de proportion permet, mieux que celle de limites, de récuser le fantasme d'illimitation propre à la société marchande et de définir positivement l'un des principes de la société du bien vivre. Parler de proportion, c'est poser d'emblée la question en termes de relations. Le sens de la proportion est souci des justes rapports ; il fait de la conscience de soi la condition du respect d'autrui et de la préoccupation pour autrui la condition des échanges et des relations coopératives les plus profitables à tous. La proportionnalité ne doit pas être perçue comme une contrainte qui limiterait la liberté de chacun (sauf dans le cadre d'une conception libérale-occidentale qui ne conçoit la liberté qu'à partir de la dénégation des relations d'interdépendance qui constituent la personne) ; elle est plutôt conscience de ce que l'illimitation et la dénégation des proportions peuvent impliquer de perte, eu égard au désir de la bonne vie, de la paix, du temps disponible, de l'amitié, etc. Plutôt que d'isoler la question des bornes (ou limites), on peut préférer penser la proportion en termes positifs d'*extension relative*, c'est-à-dire comme équilibre entre des extensions qui doivent se disposer en relation les unes avec les autres.

la déclaration d'égalité en droit et en dignité, cette figure n'a été en substance qu'un individu pour-le-marché et pour-la-représentation-politique qui a d'autant moins pu tenir ses promesses que, dans le capitalisme tardif, la généralisation des conduites compétitives et l'imprégnation de la vie privée par les exigences du travail et de la consommation contribuent à produire des subjectivités étanches comme des monades, hyperconcurrentielles et pathologiquement narcissiques. Malgré des enclaves encore préservées, l'existence s'ordonne autour d'un « moi, je » et du « chacun pour soi » de tous contre tous. Au royaume de la compétition impitoyable, il est requis d'afficher ses propres performances, en écrasant tous les autres si nécessaire.

À ces manières d'être caractéristiques du capitalisme humanicide, on opposera la production de subjectivités enclines à l'entraide et à la coopération avec autrui. Gagnant en maturité, elles découvrent que le moi est mieux servi par la modération des vanités que par leur expansion incontrôlée. Elles comprennent qu'il n'est pas besoin de l'emporter sur autrui pour éprouver sa propre existence. Elles apprennent à *écouter* plutôt que de toujours prétendre avoir raison. La socialité de l'âge du faire réclame de telles subjectivités, capables de proportionnalité, en même temps qu'elle les rend possibles. La capacité à coopérer est en effet la condition indispensable du bien commun qui s'offre à chacun : construire et préserver un monde ayant pour principe l'égalité de tous au regard des tâches productives à accomplir, de la participation à la prise de décision, de l'accès aux ressources et au temps disponible. Outre leur indispensable contribution à cette forme d'organisation collective, il y a tout lieu de penser que les subjectivités coopératives se manifesteront également dans les autres domaines de la vie et des relations interpersonnelles.

Ainsi, l'entraide devrait largement prévaloir plutôt que l'égoïsme, d'autant que les contraintes du temps mesuré auraient disparu. Il n'est même pas certain qu'il faille penser ces nouveaux rapports en termes de don ou de réciprocité, notions qui, tout en inversant la logique de l'intérêt, en restent partiellement dépendantes, parce qu'elles instituent malgré tout de la mesure, explicitement ou implicitement quantifiable. L'âge du faire, lui, perd autant qu'il est possible tout sens comptable. L'aide apportée à autrui n'attend pas de contrepartie directe. Plus encore que de donner (ce qui suppose d'avoir et oblige celui qui reçoit), il s'agit de faire ensemble, pour soi et pour autrui, et de partager. La notion même de gratuité ne prend-elle pas un sens nouveau, là où l'on n'a plus besoin de compter ? En tout cas, c'est bien de coopération généralisée qu'il s'agit, tant dans la participation aux tâches collectives que dans les réseaux d'aide interpersonnelle. L'agir coopératif est la condition d'existence du bien commun.

Dans un tel monde social, la personne ne saurait être pensée comme un isolat ; elle se constitue d'emblée dans un réseau de relations interpersonnelles. L'être ne saurait exister, ni se penser, hors de ces relations, sans lesquelles il perdrait l'accès à un bien commun qui n'existe que par la coopération de tous. Le moi est d'emblée un « nous », puisqu'il tisse en lui les liens qui l'attachent à ses semblables. Déniée par l'individualisme moderne, une telle conception interpersonnelle de la personne a été partagée (et l'est encore partiellement) par la plupart des sociétés non occidentalisées : la personne y est pensée comme un carrefour, un nœud de relations avec d'autres êtres ou entités (humaines, mais aussi animales, naturelles, spirituelles ou divines). Au lieu que le moi se referme sur sa constitution propre, le voici porté au-delà de lui-même. En même temps, on ne saurait nier ce que l'entrelacement de plusieurs *moi* interpersonnels, devenus « membres les uns des autres [20] », peut parfois impliquer de contraintes. Toutefois, dans les conditions inédites d'une société postcapitaliste où l'exigence de coopération se combine à une grande liberté expressive et à une ample ouverture supralocale, il y a tout lieu de penser que la constitution intersubjective des subjectivités puisse prendre un sens nouveau et aller de pair avec une libération des potentiels de « singularisation individuelle et/ou collective [21] » (Félix Guattari). Il serait absurde d'imaginer une élimination de tout conflit entre les désirs singuliers, ou entre ceux-ci et les obligations résultant du respect des autres et des exigences du bien commun. Mais la socialité de l'âge du faire a l'avantage de les réduire considérablement et de créer des conditions favorables à leur résolution, dès lors qu'elle substitue l'exacerbation des égoïsmes affrontés par la modération des vanités et l'apaisement négociateur des capacités coopératives. Ce serait trop peu encore d'affirmer que chacun sera conscient que le commun – et donc la contribution qu'il se doit d'y apporter – est la condition même de son propre épanouissement. Et qu'il saura aussi que l'agir coopératif de tous nourrit la richesse des liens interpersonnels qui le constituent, lui-même, comme personne. Il faut bien plutôt saisir que les subjectivités seront intrinsèquement engagées dans une double dynamique : contribuer au bien commun qui est le fondement de leur propre liberté ; s'adonner à toutes les curiosités et à toutes les joies, souvent partagées, du

---

20 Marshall Sahlins, *La Nature humaine, une illusion occidentale. Réflexions sur l'histoire des concepts de hiérarchie et d'égalité, sur la sublimation de l'anarchie en Occident, et essais de comparaison avec d'autres conceptions de la condition humaine*, Éditions de l'éclat, Paris, 2009.

21 Félix Guattari et Suely Rolnik, *Micropolitiques*, Les Empêcheurs de Penser en Rond, Paris, 2007. Félix Guattari souligne également qu'il s'agit de penser conjointement l'intensification des singularités et celle de la capacité de solidarité (*Les Trois Écologies*, *op. cit.*, p. 72).

temps disponible, ce qui est aussi une manière d'intensifier la vie de ses semblables. La matérialisation de la détente temporelle et du faire réunifié réduit considérablement les zones d'incompatibilité entre le souci du bien commun et l'exubérant foisonnement des singularités.

En finir avec le système capitaliste ne saurait en aucun cas se réduire à un changement dans le régime de propriété des moyens de production, à la planification de l'économie ou à une répartition plus juste des bénéfices de celle-ci. Cela ne peut signifier autre chose que l'abolition de la valeur et de son écrasante *prédominance* tant dans l'ordre économique que dans l'ensemble de la vie sociale et subjective. Prendre pleinement la mesure de ce qu'implique l'abolition de la valeur (c'est-à-dire aussi de la prééminence du travail abstrait) n'a rien d'aisé. Mais du moins est-il clair que cela – et cela seul – équivaut à la destruction du moteur même de la folle mécanique du productivisme capitaliste, à savoir la force incontrôlable qui *oblige* à produire sans cesse davantage sous l'effet de la seule nécessité de l'expansion de la valeur. Une fois éliminée cette compulsion mortifère de la production-pour-la-production-et-pour-le-profit, les producteurs (qu'il conviendrait de ne plus qualifier par ce terme) retrouveront la pleine maîtrise de la création de valeurs d'usage, réalisée sur la base de choix arrêtés et assumés collectivement (tandis que l'autoproduction inscrite dans le temps disponible relèvera de l'entière liberté de chacun). Plus profondément, cela signifie que la production de biens et de services (qu'il serait souhaitable de nommer autrement), tout en demeurant la base nécessaire à la vie, cessera d'être la sphère centrale et déterminante de l'organisation collective, comme elle l'est, de manière très spécifique, dans la justement nommée *société de la marchandise*. En ce sens, la sortie du capitalisme signifie une « déséconomisation » radicale de l'univers collectif. Rompant avec l'hégémonie (aujourd'hui à la fois puissante et nécessairement inachevée) de l'Économie sur l'ensemble des aspects de la vie, les organisations non capitalistes que les collectifs humains s'efforceront sans trêve de consolider et d'adapter pourront ancrer leurs raisons d'être dans les registres suivants : la préservation des collectifs biosociaux eux-mêmes, le respect de leurs principes d'autonomie, de justice et d'équilibre, l'affirmation d'une vie bonne permettant à chacun de déployer ses capacités et ses aspirations, soit, comme on le dira au chapitre suivant, ce qu'on peut nommer, avec les peuples indiens d'Amérique, le *bien vivre*. C'est donc, ultimement, la forme même de la *vie*, individuelle et collective, qui devient le cœur vibrant de l'organisation écosociale [22]. Y compris pour ce qui relève des tâches productives et des activités d'autogouvernement, et sans oublier – expression concrète du principe ici énoncé – que prédomine le temps disponible, ouvert aux inclinations subjectives de chacun comme à ses appétits intersubjectifs. Il ne saurait y avoir alors de principe plus fondamental, dans le devenir instituant des collectifs humains, que le déploiement de la vie vécue.

Pour autant, la façon d'agencer le souci du bien commun et la liberté des singularités est loin d'être entièrement prévisible. Elle prendra des formes variées, tout comme seront diverses les manières de résoudre leurs possibles contradictions. Les curiosités du temps disponible, les modes de subjectivation, le sens même des plaisirs et des jeux n'ont rien d'immuable et varieront en fonction de la particularité des lieux et des choix faits par les divers collectifs d'habitants. À l'âge du faire, la diversité sera de mise.

---

22 Précisons que la *vie*, ici invoquée, n'est pas une simple réalité biologique, mais l'existence vécue, dans toutes ses dimensions.

Dira-t-on qu'un peu de retenue et un sens élémentaire de l'équilibre, dans les relations avec autrui comme avec la Terre Mère, imposeraient d'inacceptables entraves à la liberté de chacun ? Ou que l'idéal de proportionnalité est condamné à l'échec par les passions égoïstes et les pulsions d'illimitation propres à la « nature humaine » ? Voilà bien un nouvel obstacle auquel il faut prêter toute l'attention requise. C'est l'un des objets du prochain chapitre. Mais ce que l'on a décrit précédemment suggère déjà que de tels choix ne relèvent ni du sacrifice ni de l'exercice ascétique, tant il y a à gagner, en termes de temps disponible, de potentialités subjectives, de joies partagées et d'allègre beauté de la vie.

CHAPITRE 4

Un monde fait de multiples mondes

« J'ai vu la terre des Blancs... Leurs fils se sont mis à fabriquer des marchandises et leur esprit a commencé à s'obscurcir à cause de tous ces biens sur lesquels ils fixaient leur pensée... Ils se dirent : "Nous allons devenir le peuple des marchandises ! Nous allons en fabriquer plein et de l'argent aussi !"... Ce fut à ce moment qu'ils perdirent vraiment toute sagesse. D'abord, ils détruisirent leur propre terre avant d'aller travailler celles des autres, pour augmenter sans cesse leurs marchandises. Jamais ils ne se dirent : "Si nous détruisons la terre, serons-nous capables d'en recréer une autre ?"... Ils fixent leur pensée sans répit sur leurs marchandises, comme si c'étaient leurs fiancées. »

Davi Kopenawa, chaman Yanomami [1]

« Un homme ne peut être riche que s'il refuse
d'aider ceux qui sont dans le besoin. »

Proverbe mohave [2]

Il n'y a pas une manière unique de construire un monde libéré de la tyrannie capitaliste. Chaque collectif a devant lui diverses options, divers modes d'organisation qu'il peut mettre

1 « Descobrindo os Brancos », entretien de Davi Kopenawa avec Bruce Albert (1998), cité et analysé dans le bel article de Jean Tible, « Lutas cosmopolíticas : Marx e América Indígena (Yanomami) », *Lugar Comum*, n° 30, 2010, p. 31-44. Voir maintenant Davi Kopenawa et Bruce Albert, *La Chute du ciel. Paroles d'un chaman Yanomami*, Plon, « Terre Humaine », Paris, 2010.

2 Cité par Georges Devereux, *Ethnopsychiatrie des Indiens Mohaves*, Les Empêcheurs de Penser en Rond, Paris, 1996.

en œuvre et rectifier au fil d'une expérience en devenir. Au lieu de prétendre fonder son action sur les certitudes de connaissances préétablies, chacun « avance en s'interrogeant », selon la suggestion des zapatistes (*caminar preguntando*), ce qui revient à considérer que le savoir s'élabore au travers du processus même de l'expérience. Mais la multiplicité des collectifs humains est aussi la conséquence de trajectoires historiques différenciées, à partir desquelles l'élan émancipateur peut être engagé de manières diverses. Les modes de subjectivation, la façon d'agencer le souci du bien commun et la liberté des singularités, les valeurs guidant la vie et le statut attribué au non-humain peuvent varier et orienter vers des choix collectifs distincts. Le monde de l'autonomie des collectifs est un monde de la multiplicité des subjectivités et des options de vie.

En même temps, cette multiplicité ne prend véritablement son sens qu'à s'articuler à un espace commun de reconnaissance. Une relation de respect mutuel entre la diversité des options collectives est une condition minimale à la coordination des autonomies, mais il est hautement souhaitable qu'elle repose aussi sur le souci d'une interaction dialogique dans laquelle le désir de chaque collectif de se transformer peut s'enrichir de la découverte d'autres trajectoires. C'est sur une telle base que l'ensemble des autonomies et des cultures qui composent l'humanité peuvent assumer ce qu'elles partagent, à commencer par la planète Terre, leur demeure commune.

Faire place à la multiplicité constitutive d'une humanité qui se reconnaît dans son unité – une unité que ne nie pas sa diversité interne ni n'implique une séparation absolue avec le non-humain – oblige à esquisser un nouvel universalisme, fort éloigné de celui des Lumières qui n'est que l'universalisation de valeurs européennes et n'affirme l'égale dignité de tous les humains qu'en faisant abstraction de leurs particularités réelles.

De plus, le projet émancipateur développé dans les chapitres précédents ne saurait se déployer sans une rupture anthropologique. Il est impossible de le mener à bien tout en maintenant intactes les représentations dominantes de la modernité occidentale. Un tel projet réclame, tout autant qu'un nouvel universalisme, une autre conception de l'humain, c'est-à-dire aussi des rapports entre l'humain et le non-humain.

Le monde que nous construisons dépend des formes de lutte mises en œuvre dans le processus même de sa construction. La multiplicité des mondes suppose une multiplicité de chemins. Il n'est plus temps d'attribuer un rôle central aux luttes menées dans les zones centrales du système-monde et il convient de se défaire d'une conception occidentocentrée des processus d'émancipation. Il ne s'agit pas seulement de célébrer la convergence des résistances mondiales, mais de reconnaître que l'impulsion émancipatrice est ancrée sur les cinq continents, même si elle s'y manifeste selon des modalités bien différentes. Faire place à celles qui peuvent paraître les plus distantes ou les plus déconcertantes pour un regard occidentalisé est une manière de s'engager dans le processus de constitution interculturelle du monde de la multiplicité.

Il convient pour analyser cette question de repartir d'une caractéristique du capitalisme néolibéral qui a été quelque peu négligée dans le premier chapitre : la guerre qu'il mène contre la subsistance, autrement dit l'expansion de la sphère de la valeur jusque dans les univers naturels et humains où elle n'avait jusque-là pénétré que de manière superficielle ou du moins partielle.

De la guerre contre la subsistance à l'affirmation du bien vivre

Le capitalisme s'est continûment nourri de l'expropriation des sociétés non capitalistes, afin de procéder à l'exploitation de leurs ressources et de leurs membres [3]. Pourtant, cette dimension a semblé sur le point d'être oubliée, au moment où les notions de fluidité et de déterritorialisation paraissaient pouvoir décrire les tendances dominantes d'un monde dans lequel la financiarisation incitait également à ne prêter attention qu'aux aspects les plus virtuels de l'économie. Mais, au moins depuis les guerres d'Afghanistan et d'Irak, les enjeux géopolitiques sont revenus au centre de l'attention, de même qu'une claire tendance à la reterritorialisation des formes de domination. L'accaparement des terres et des territoires, qui n'avait certes jamais disparu, s'est de nouveau, et très fortement, intensifié. Les terres cultivables font l'objet, de la part d'acteurs en partie nouveaux, d'appétits féroces, aiguisés par la conjonction des exigences des industries agroalimentaires, de l'essor des agrocarburants comme solution (supposée) à la crise énergétique, de la crise alimentaire ouverte depuis 2008 et de la menace de pénuries pour les décennies à venir qui poussent certains États, associés à de grandes entreprises (notamment l'Arabie saoudite, la Chine et la Corée du Sud), à réaliser de gigantesques achats de terres, le tout conduisant à faire de la terre un investissement attractif pour les grands opérateurs

---

3 David Harvey a fortement souligné que l'« accumulation par la dépossession » est un trait permanent du capitalisme, qui ne se limite pas à l'accumulation dite « primitive » ou « originelle » (*Géographie de la domination*, *op. cit.*, ainsi que *Le Nouvel Impérialisme*, Les Prairies Ordinaires, Paris, 2010). Elle inclut notamment l'expropriation des terres paysannes et la destruction des fondements de l'« économie morale » des sociétés traditionnelles.

financiers. On mentionnera aussi l'intérêt pour la mise en valeur touristique des zones encore préservées et la compétition pour des ressources de plus en plus insuffisantes et stratégiques telles que l'eau ou la biodiversité, objet d'une intense course aux brevets. Enfin, tandis que les réserves en hydrocarbures sont d'autant plus convoitées qu'elles sont en voie d'épuisement à plus ou moins court terme, la croissance des activités minières et leur transformation pèsent particulièrement lourd. La raréfaction tendancielle des réserves et les nouvelles conditions techniques conduisent à exploiter des gisements à faible teneur qui, antérieurement, seraient demeurés en dessous du seuil de rentabilité. Les territoires convoités par les compagnies minières se dilatent considérablement, au point que 70 % du Mexique, par exemple, sont réputés susceptibles de contenir des gisements importants. Dans ce nouveau dispositif technico-productif, les mines à ciel ouvert traitent des masses colossales de roche, provoquant des dégâts écologiques et humains d'une ampleur inédite. Ce sont des flots de boues toxiques qui se déversent dans les rivières, tandis que l'exploitation laisse derrière elle des cratères gigantesques pouvant atteindre six kilomètres de diamètre et jusqu'à cinq de profondeur [4].

L'intensification de l'offensive ne vise pas seulement les territoires, mais aussi les populations. Il s'agit d'intégrer à l'économie de marché les centaines de millions d'individus qui vivent largement en dehors – ou du moins aux marges – de ses normes. Les formes traditionnelles d'organisation sociale, les relations fondées sur une « économie morale » non marchande, ainsi que les savoirs de subsistance doivent être liquidés pour diffuser l'usage de pesticides, d'engrais industriels, de semences

4 Andrés Barreda, « Avaricia minera, trasfondo en San Juan Copala », *Ojarasca*, octobre 2010, p. 10.

génétiquement modifiées et faire place aux fétiches de la consommation moderne, comme le téléphone portable, qui prolifère jusque dans les campagnes les plus reculées. Ce que Majid Rahnema et Jean Robert ont, à la suite d'Ivan Illich, qualifié de « guerre contre la subsistance » est la poursuite d'un processus séculaire d'expansion de la sphère marchande : en détruisant les manières traditionnelles d'assurer la subsistance et en accentuant la dépendance à l'égard des besoins fabriqués par l'économie de marché, elle fait basculer des milliards d'individus des formes de la pauvreté traditionnelle, caractéristique des sociétés agraires, vers la misère moderne [5].

La guerre contre la subsistance s'identifie sans mal à la dynamique séculaire d'expansion du capitalisme. Il lui faut à la fois s'approprier les ressources nécessaires à la sphère productive et conformer les populations aux normes de la production marchande et aux habitudes de la consommation. Aujourd'hui, la tension entre la sphère de la valeur et de l'accumulation et les formes de vie qui lui échappent encore en partie s'exacerbe, sans doute parce qu'elle s'approche d'une double limite, à la fois écologique (épuisement de certaines ressources et effets démultipliés des bouleversements écosystémiques) et liée à un englobement presque complet de l'humanité dans l'économie marchande. Il n'est pas interdit de penser que la contradiction entre la logique de la marchandisation et les formes d'existence non marchandes tend à devenir une contradiction dominante au sein du système-monde actuel.

---

5 Majid Rahnema et Jean Robert, *La Puissance des pauvres*, *op. cit.* ; ainsi que Jean Robert, *Crisis : el despojo impune. Como evitar que el remedio sea peor que el mal*, Cideci-Unitierra, San Cristóbal de Las Casas, 2009, chapitres 4 et 5.

L'un des aspects de cette contradiction tient aux résistances que suscitent l'expansion de la sphère de la valorisation capitaliste et les modes de spoliation qu'elle entraîne. Ces résistances peuvent être provoquées par un projet spécifique (hydroélectrique, minier, touristique ou autre) ou par des mesures remettant en cause la possession collective de la terre (comme la réforme de l'article 27 de la Constitution mexicaine, en 1992, ou les attaques contre les terres communales des Indiens de l'Amazonie péruvienne, en 2009). Parmi les actions plus coordonnées, on peut mentionner, sans prétendre qu'elles sont les seules ou les plus radicales, celles des peuples indigènes, notamment en Amérique latine [6]. Nul besoin d'invoquer ici une quelconque essence ethnique : il suffit de faire place d'une part à une situation concrète, qui voit ces peuples revendiquer la défense de leurs territoires *contre* l'offensive dont ils font l'objet, et d'autre part à une longue histoire tissée d'imposition coloniale et d'un apprentissage séculaire de multiples formes de résistance. Aujourd'hui largement intégrés dans les circuits de l'économie capitaliste (pour l'essentiel dans une position d'hyper-exploitation ou de dépendance à l'égard des cours des matières premières) et encouragés par une reconnaissance internationale de leurs droits à l'autodétermination et au contrôle de leurs territoires (Convention 169 de l'OIT, puis Déclaration de l'ONU sur les droits des peuples originaires), ils ont pu, tout en éprouvant les transformations permanentes d'une vie collective aussi historique que celle des autres peuples, construire leur

6 Pour une vue d'ensemble des luttes indiennes en Amérique latine et une salutaire mise en garde contre toute idée d'une indianité atemporelle, voir Yvon Le Bot, *La Grande Révolte indienne*, Robert Laffont, Paris, 2009.

présent en y associant certains éléments de leur économie morale traditionnelle et de leurs savoirs de subsistance. Sans faire des peuples indigènes une énième version de la perfection du bon sauvage, leur conception plus écocentrée du rapport à la Terre Mère et leur sens du collectif (qui n'exclut ni la différenciation sociale, ni les hiérarchies de statut, de prestige ou de genre, mais s'enracine néanmoins dans la possession collective de la terre et les pratiques coutumières d'entraide) pourraient constituer une source d'inspiration, ou plutôt un utile point d'appui pour une humanité occidentalisée dont les valeurs fondamentales, comme l'individualisme compétitif et l'instrumentalisation de la nature, ont partie liée avec la crise de civilisation à laquelle elle est confrontée.

En Amérique latine, la résistance la plus déterminée à l'ordre néolibéral provient des communautés indigènes qui luttent pour défendre leurs terres et leurs territoires. Même si certaines organisations s'en tiennent à un néo-indigénisme qui attend de l'État avantages et perspectives de développement, d'autres mouvements se radicalisent face à l'offensive qu'ils doivent affronter. Ils tissent des réseaux continentaux et amplifient leur perspective anticoloniale et anticapitaliste. Pour eux, l'ennemi qui a engagé une nouvelle guerre de conquête est clairement identifié et n'est autre que l'économie capitaliste. Mais leur résistance n'est pas seulement défensive ; elle promeut une autre organisation collective qui se condense dans la revendication du « bien vivre » (*sumak kawsay* en langue quechua, *lekil kuxlejal* en maya tseltal). On aurait tort de voir dans cette notion l'expression d'une sagesse immémoriale : il s'agit bien plutôt d'un concept en cours d'élaboration, d'une construction collective des peuples amérindiens croisant leurs traditions culturelles propres et les exigences d'une défense/création forgée dans le contexte des attaques systémiques actuelles [7]. Le bien vivre, c'est d'abord l'affirmation de la vie, humaine et non humaine, contre ce qui la nie, à savoir la puissance destructrice de la production-pour-le-profit. Supposant la critique de l'idéologie du progrès et du développement, le bien vivre pose le dilemme de manière limpide : capitalisme ou vie. Mais le bien vivre, c'est surtout le *qualitatif* du vivre humain. Par opposition à la quantification marchande qui mesure tout en argent ou en biens matériels, le qualitatif ne se mesure pas. Il peut seulement s'éprouver en termes éthiques et esthétiques, dans le plaisir de l'être et du faire. Enfin, deux principes sont au cœur du bien vivre : d'une part, une éthique du collectif, qui fait prévaloir la solidarité, l'aide à autrui et la convivialité, au détriment des rapports de compétition et de domination ; de l'autre, un principe d'équilibre général (parfois dénommé harmonie), qui doit prévaloir dans les rapports entre les êtres et notamment entre les humains et la Terre Mère [8].

Il est évident que le « bien vivre » peut être vidé d'une bonne partie de son sens (notamment lorsqu'il figure, dans les Constitutions bolivienne et équatorienne, au côté des exigences du développement), voire être transformé en slogan de

---

7 Voir par exemple les interventions au Forum « El buen vivir de los pueblos indígenas andinos », organisé à Lima en janvier 2010 par la Coordinadora Andina de Organizaciones Indígenas, notamment celles de Mario Palacios Panéz et Fernando Huanacuni Mamani. En français, voir Raúl Zibechi, « Le "bien-vivre" comme "un autre monde possible" », *Entropia*, n° 9, 2010, p. 28-38, qui analyse fort bien les potentialités critiques du « bien vivre », mais aussi les contradictions qui peuvent en affecter le principe.

8 À titre d'ébauche de travail interculturel, on pourra comparer cette conception du bien vivre à celle, bien différente, de la « vie bonne » chez Aristote (*Éthique à Nicomaque*) et dans la réélaboration qu'en propose Paul Ricœur, *Soi-même comme un autre*, Points-Seuil, Paris, 1990, septième étude.

l'assistentialisme étatique (il apparaît ainsi, en Équateur même, sur les panneaux vantant l'action gouvernementale). De telles récupérations ne peuvent être ignorées, mais elles n'empêchent nullement de nous emparer de ce concept qui, compris dans sa pleine radicalité, condense un projet d'organisation collective s'opposant de manière diamétrale aux normes de la société de la marchandise. C'est parce qu'il récuse les fondements mêmes de l'expansivité du productivisme déprédateur du capitalisme qu'il autorise la recherche de relations équilibrées entre l'humanité et la planète qu'elle habite [9]. Et c'est dans la mesure où il renonce à la concentration privée des ressources et des biens qu'il peut effectivement faire prévaloir des rapports de réciprocité et de coparticipation aux tâches d'organisation collective : le bien vivre n'a de sens qu'à être également partagé par tous [10]. Il s'ancre dans les valeurs et les pratiques traditionnelles des peuples amérindiens, mais – même si certaines de ses versions frisent parfois l'essentialisme ethnique – il ne prétend pas s'enfermer dans un culte du passé indien, ni dans une conception fixiste de l'indigénité. Il s'agit, pour ceux qui le défendent,

---

9 L'insistance sur la notion d'harmonie n'implique pas, comme on pourrait le craindre, la soumission à un ordre immuable et à une tradition réputée impossible à transformer. La pensée de l'harmonie ne contredit le souci de la transformation collective que si elle postule une perfection présente (c'est tout particulièrement son association avec les pouvoirs d'État qui tend à lui conférer ce caractère). Dans les conceptions du bien vivre, le fait de partir des déséquilibres présents permet de combiner recherche de l'harmonie et désir d'émancipation. Dans le monde réalisé du bien vivre et des autonomies, le souci de l'harmonie devrait se combiner avec la conscience de son inévitable incomplétude et donc des transformations à apporter en permanence pour l'améliorer (rappelons que, pour les zapatistes, la construction de l'autonomie « n'a pas de fin »).

10 Le vivre bien (pour tous) s'oppose de toute évidence à l'injustice sociale actuelle où le vivre mal de la majorité est la condition du vivre (très) bien de quelques-uns.

de prendre appui sur la tradition et d'en réinterpréter la trajectoire singulière, au vu des périls présents et en fonction d'un désir de préservation/émancipation tourné vers le futur [11]. Le « bien vivre » nous avertit que les peuples amérindiens, du moins une part importante d'entre eux, n'aspirent pas aux délices promis par la modernité et la consommation de masse. Bien au contraire, ayant acquis la claire conscience du caractère destructeur de l'économie marchande et de la crise de civilisation dans laquelle s'enfonce le système-monde capitaliste, ils proposent, en s'appuyant sur une revitalisation de leur propre dynamique historique, une tout autre option pour l'humanité [12].

Au vu de cet exemple (et on pourrait en examiner bien d'autres), il serait plus que regrettable de postuler qu'il n'existe de potentialités émancipatrices radicales que dans une tradition critique née au sein de la modernité occidentale. Outre que les courants dominants d'une telle filiation se sont largement

---

11 Il s'agit ici, comme dans l'ensemble du présent chapitre, de rompre avec une conception proprement moderniste de l'émancipation, c'est-à-dire fondée sur le rejet du passé. La construction interculturelle d'un projet émancipateur suppose un régime d'historicité pluriel dans lequel diverses configurations temporelles sont susceptibles d'être associées à une perspective libératrice. En l'occurrence, il ne s'agit pas de penser un retour au passé, mais « un détour par le passé » permettant de se projeter vers un futur neuf, ainsi que l'ont bien mis en évidence Michael Löwy et Robert Sayre, *Révolte et mélancolie. Le romantisme à contre-courant de la modernité*, Payot, Paris, 1992.

12 Le « bien vivre » serait au Sud ce que la décroissance est au Nord : à ceci près qu'au Nord la décroissance mène la critique d'un mode de vie et de consommation effectivement expérimenté, tandis que le « bien vivre » se manifeste comme refus d'adopter un mode de vie qui n'a été éprouvé que très partiellement. Si la séduction du monde des marchandises est indéniable et fait des ravages partout, affirmer que l'ensemble de l'humanité ne souhaite rien d'autre que de jouir des délices de la consommation moderne est une forme d'occidentocentrisme qui trouve là un clair démenti.

fourvoyés et auraient tout intérêt à chercher *ailleurs* de précieux renforts pour aider à leur refondation, on doit récuser l'ethnocentrisme qui consisterait à renvoyer inéluctablement les mondes non occidentaux vers l'image conservatrice, hiérarchisante et patriarcale de la tradition. Au contraire, les aspirations émancipatrices inscrites dans l'histoire occidentale et celles qu'ont portées et portent les sociétés non occidentales peuvent se féconder mutuellement, pour mieux faire front au monde de la destruction [13]. Il s'agit en quelque sorte de s'attaquer au système-monde capitaliste *par les deux bouts*, en alliant le désir de dépassement de ceux qui s'efforcent de sortir de la société de la marchandise et la capacité de résistance créative de ceux qui rechignent à s'y laisser absorber entièrement et défendent avec obstination des formes d'expérience partiellement préservées des rapports marchands. En ce sens, le « bien vivre » proposé par les peuples amérindiens constitue un apport théorico-pratique d'une portée considérable : c'est une façon extraordinairement pertinente de récuser la norme centrale de l'univers capitaliste – l'impératif insensé de la production-pour-la-production – et de faire des choix relatifs à la forme même de la *vie vécue* le cœur sensible de l'organisation collective.

L'histoire des peuples du monde est saturée de luttes et de révoltes que seule l'adhésion aveugle à la mythologie du progrès a conduit à ranger systématiquement dans la rubrique de la défense rétrograde des traditions. De nombreuses rébellions, parsemant géographies et calendriers, témoignent d'une impulsion égalitaire, à la fois socialement et politiquement. Ainsi,

13 Le « cocktail zapatiste », tel qu'il est défini par le sous-commandant Marcos, est bien une rencontre entre deux traditions d'émancipation et de lutte : l'une de filiation occidentale (à travers la formation marxiste des premiers guérilleros), l'autre propre aux peuples indiens ; voir *supra*, chapitre 2.

durant l'insurrection des Turbans jaunes (Taiping Tao), en Chine, en 184, lorsque des centaines de milliers de paysans pauvres organisent la Communauté de la Grande Paix, ou encore durant le demi-siècle au cours duquel le Quilombo de Palmares, au Brésil, résista aux armées coloniales, ou dans bien d'autres cas encore, ont prévalu la possession collective de la terre, le travail en commun et la répartition égalitaire des récoltes [14]. Quant à l'égalitarisme politique, il se manifeste, y compris lorsque l'urgence impose de nommer des chefs militaires, dans la participation de tous aux assemblées et dans la capacité de décision dont elles font preuve. En dehors même des situations de rébellion, la prise de décision collective en assemblée est attestée de par le monde, de la Mélanésie à Madagascar, sans oublier les sociétés amérindiennes où le modèle des chefferies sans pouvoir n'est certes pas généralisable mais où la figure des autorités sans force coercitive et jouant le rôle de pivot de l'intérêt commun se retrouve assez largement [15]. Reste que le recours à l'assemblée communautaire et la capacité à nommer des autorités auxquelles sont confiées des charges particulières, sous la vigilance de la communauté, peuvent se combiner, de manière variable, avec une dimension hiérarchique et avec l'exclusion des femmes, tandis que des processus de concentration des prérogatives aux mains des chefs,

---

14 L'ouvrage collectif *Días rebeldes. Crónicas de insumisión*, Octaedro, Barcelone, 2009 offre un panorama, forcément succinct et sélectif mais très suggestif, de cet esprit rebelle qui traverse l'histoire des peuples de tous les continents.

15 Pour une suggestive relecture non occidentocentrée de l'histoire des pratiques démocratiques, voir David GRAEBER, « La démocratie des interstices. Que reste-t-il de l'idéal démocratique ? », *Revue du MAUSS*, n° 26, 2005, p. 41-88. On fait aussi allusion ici, en dépit des révisions partielles qu'elle appelle, à l'œuvre classique de Pierre CLASTRES, *La Société contre l'État*, Minuit, Paris, 1974.

qui échappent alors au contrôle de la communauté, témoignent de l'échec fréquent de ces sociétés à préserver le primat des relations égalitaires en leur sein [16].

Il serait tout aussi vain de croire à une essence égalitariste des mondes non occidentaux que de persister à attribuer au seul Occident une vocation démocratique et une mission libératrice. Admettons plutôt que l'histoire des peuples de tous les continents est marquée par un désir d'égalité, tant sur le plan social (accès aux biens matériels et symboliques) que politique (participation aux prises de décision). Loin d'être le monopole d'une seule civilisation, de tels élans doivent être tenus pour un bien commun de l'humanité. Qu'ils aient été subjugués par des forces contraires ayant fait prévaloir, dans la plupart des cas, la ponction sur le travail d'autrui, la hiérarchisation sociale, la domination masculine et le pouvoir d'État n'empêche pas que ce soit sur ces potentialités égalitaires, manifestées par les « modernes » comme par les supposés « primitifs », par les Occidentaux comme par tous leurs « autres », que peut s'appuyer la construction des multiples chemins susceptibles de conduire les humains hors du monde de la soumission aux choses, de la dépossession des êtres et de la destruction du vivant.

Vers un pluniversalisme interculturel

Le monde du commun part de l'autonomie des communautés locales, mais il suppose aussi la conscience d'une « communauté planétaire ». Faut-il alors faire une place à

---

16 Pour une analyse des processus de cristallisation de la domination politique (malgré les mécanismes de résistance à celle-ci) au sein des sociétés dites « primitives », voir Maurice Godelier, *Sur les sociétés précapitalistes*, Éditions Sociales, Paris, 1970.

l'universel, ne serait-ce que pour éviter tout risque d'absolutisation des identités particulières ? Il ne peut cependant s'agir de l'universalisme hérité des Lumières, auquel on a justement reproché d'avoir été construit sur la base d'un Homme abstrait et de nier la diversité des êtres réels [17]. Mais serait-il désormais possible de construire un universalisme qui échappe au reproche de n'être qu'une universalisation de valeurs particulières, en l'occurrence occidentales [18] ? Et serait-il possible de penser un universalisme concret qui se fonde sur la reconnaissance de la spécificité des lieux, de la diversité des êtres et de l'autonomie des expériences ? La tâche est assurément moins simple que celle de l'universalisme abstrait, pour lequel il est aisé d'affirmer l'unité du genre humain, tout en occultant les traits qui différencient les êtres réels et rendent leurs expériences spécifiques, ce qui revient à postuler l'identité de tous les humains sans même percevoir ce qui peut y faire obstacle. Comme l'ont bien souligné Theodor Adorno et Max Horkheimer, « la conciliation de l'universel et du particulier est dépourvue de toute valeur », tant qu'il n'existe « aucune tension entre les deux pôles : les extrêmes qui se touchent cèdent le pas à une trouble identité ; l'universel peut se substituer au particulier et vice versa » [19].

---

17 Moishe Postone souligne bien que l'universalisme des Lumières est historiquement constitué par les formes sociales caractéristiques du capitalisme, notamment la prédominance de l'abstraction (*Temps, travail et domination sociale, op. cit.*, p. 243-244).

18 Immanuel Wallerstein évoque ainsi le passage de ce qu'il dénomme l'« universalisme européen », historiquement constitué, à un « universalisme universel », encore à peine esquissé (*L'Universalisme européen. De la colonisation au droit d'ingérence*, Demopolis, Paris, 2008).

19 Theodor Adorno et Max Horkheimer, *La Dialectique de la raison*, Gallimard, Paris, 1974. La distinction entre universel abstrait et universel concret, posée par Hegel, a été commentée par Marx, pour qui l'universalité concrète est une unité qui ne nie pas la diversité des êtres ras-

Au contraire, il s'agit de penser l'universel et le particulier comme deux pôles séparés mais susceptibles d'être articulés au prix d'un difficile travail pour *mettre en rapport des différences concrètes*, pour tendre des ponts entre des expériences spécifiques et des lieux propres. Une telle logique se manifeste avec force dans l'expérience zapatiste et, tout particulièrement, dans une affirmation qui en condense l'esprit : « Nous sommes tous égaux parce que nous sommes différents [20]. » Le paradoxal *parce que* brise l'idée selon laquelle l'égalité et l'unité humaines devraient être définies *en dépit* des différences entre les individus, les peuples ou les sexes. Il revendique une égalité et une unité pensées et vécues *à partir* des différences et sur la base de leur pleine reconnaissance. On peut alors envisager un universalisme concret se construisant dans une lutte effective pour concilier le particulier et l'universel, la force de l'expérience locale et le souci d'une humanité en quête de son accomplissement, la réalité concrète des solidarités interpersonnelles et la conscience de l'unité du genre humain.

Qualifiera-t-on cette reconnaissance de la diversité humaine et culturelle de « pluriversalisme » [21] ? Il ne s'agit pas, toutefois, de substituer le culte de la diversité à l'affirmation d'une unité

---

semblés : « Le concret est concret parce qu'il est le rassemblement de multiples déterminations, donc unité de la diversité » (*Manuscrits de 1857-1858*, Éditions Sociales, Paris, 1980 ; cité par Anselm JAPPE, *Les Aventures de la marchandise. Pour une nouvelle critique de la valeur*, Denoël, Paris, 2003, p. 84).

20 « Bienvenidos a este rincón del mundo donde todos somos iguales porque somos diferentes », Major ANA MARÍA, inauguration de la Rencontre intercontinentale pour l'humanité et contre le néolibéralisme, 27 juillet 1996 (*EZLN. Documentos y comunicados*, Era, Mexico, 1997, vol. 3, p. 316).

21 Voir notamment Serge LATOUCHE, *L'Occidentalisation du monde. Essai sur la signification, la portée et les limites de l'uniformisation planétaire*, La Découverte, Paris, nouvelle édition augmentée, 2005, p. 20-22.

homogénéisante, d'autant que, à l'ère de la fragmentation post-moderne et des identitarismes ethniques ou nationaux, s'en remettre à la seule prolifération des différences s'avère plus que périlleux. De fait, l'effort pour construire un universalisme concret chemine sur une ligne de crête étroite, entre une homogénéisation destructrice de la diversité et des particularismes essentialisants. C'est pourquoi on préférera parler de *pluniversalisme*, pour rendre sensible la conjonction, aussi nécessaire que difficile, de l'unité et de la pluralité. C'est bien cette conjonction qu'exprime l'aspiration zapatiste à construire « *un mundo en donde quepan muchos mundos* » (« un monde fait de nombreux mondes » ou, pour être plus précis, « un monde où de nombreux mondes aient leur place »). Dans cette formulation, la multiplicité des mondes n'est pas donnée pour elle-même, comme constat d'une simple coexistence ; elle s'articule à l'unité d'un monde commun, organisé de manière à respecter sa multiplicité constitutive et à lui permettre de s'épanouir. La pluralité des mondes et la reconnaissance d'un domaine partagé vont de pair et elles sont même strictement indispensables l'une à l'autre. C'est à partir du commun, de la coparticipation à ce qui est partagé, que la reconnaissance de la multiplicité prend sens, dans le même temps où le commun ne peut se construire qu'à partir de la pluralité des expériences qu'elle implique.

Mais en quoi peut consister la part partagée de ce pluniversalisme ? Au vu des fausses constructions auxquelles ont donné lieu jusqu'à présent les prétentions à dire l'universel, toujours particulières et le plus souvent dominatrices, il paraît raisonnable de tout reconsidérer et d'admettre qu'il n'y a pas d'universel préétabli, donné par avance. Si tant est qu'il y ait *de l'universel* – des plages de rencontre où puisse s'éprouver, aussi partiellement que ce soit, du commun –, il ne peut s'agir que d'un terrain entièrement à construire, dans un dialogue véritable, mené enfin sur un plan d'égalité, entre des cultures et des humanités multiples. Certes, quelque chose au moins semble pouvoir être posé d'emblée : l'appartenance de tous à l'humanité et l'égale dignité de tous ses membres, énoncé dont on doit souligner qu'il ne présuppose nullement de refermer l'humain sur lui-même, dans son isolement dominateur [22]. Ce plus petit dénominateur commun, premier ancrage du travail interculturel, ne peut cependant être réduit à la seule dimension biologique de l'espèce humaine et on peut admettre que ce qui est partagé, c'est la conscience de l'appartenance à la *communauté des humains sur terre*, elle-même indissociable de la bio-communauté des humains et des non-humains. Au-delà de ce socle minimal, se risquer à invoquer de grandes expériences partagées, de la naissance à la mort, reviendrait à oublier que celles-ci ne sont jamais vécues que par la médiation de représentations et de pratiques socioculturelles spécifiques. Et proposer des valeurs supposées universelles serait bien téméraire, car celles-ci ne pourraient être déclarées telles que sur la base d'un consensus véritablement général, acquis dans les conditions d'un dialogue entre égaux qui, malgré quelques tentatives suggestives, n'a encore jamais été mené à l'échelle requise. Certes, la tentation est grande de lancer des passerelles provisoires,

---

22 Quant à l'idée d'une égale dignité des cultures, on s'abstiendra de l'affirmer, en arguant qu'il n'existe aucune mesure universellement reconnue qui permette d'évaluer et de comparer les cultures. Comme l'affirme Claude Lévi-Strauss, « aucun critère ne permet de juger dans l'absolu une culture supérieure à une autre » (*De près et de loin*, Odile Jacob, Paris, 1988, p. 205). Toutefois, pour contrebalancer les risques d'un relativisme absolu, on peut admettre que toutes les cultures et toutes les sociétés ne peuvent faire état que d'un bilan pour le moins *mitigé*, ce que rappelle opportunément l'énoncé de Walter Benjamin selon lequel, jusqu'à présent, « il n'est aucun document de culture qui ne soit aussi document de barbarie » (*Thèses sur la philosophie de l'histoire. Essais 2*, Denoël, Paris, 1971).

frêles échafaudages à partir desquels amorcer une construction plus solide. Encore ne pourrait-il s'agir que d'esquisses de valeurs transculturelles, bien loin encore de pouvoir être déclarées universelles, et serait-il prudent de se mettre en quête, moins de valeurs communes, conceptuellement unifiées, que de plages de rencontre, de terrains d'entente et d'imaginaires entrant en résonance, sur la base d'une traductibilité partielle d'énoncés culturellement spécifiés [23]. À partir des remarques avancées plus haut, on fera le pari qu'une humanité en quête de sa réalisation hors des formes sociales marquées par l'exploitation, la domination et la dépossession pourrait être susceptible de transcrire ses aspirations partagées dans des termes renvoyant, selon des modalités diversifiées, à des notions telles que le respect d'autrui, la dignité [24], l'égalité de genre [25], le souci de la justice (dans l'accès aux biens et aux capacités de décision), à quoi pourrait s'ajouter un principe d'équilibre,

---

23 Boaventura de Sousa Santos propose la recherche de « préoccupations isomorphes » entre cultures différentes, sur la base d'un indispensable travail de traduction (*Una epistemología del Sur*, Siglo XXI-Clacso, Mexico, 2009, ainsi que *Para descolonizar el Occidente. Más allá del pensamiento abismal*, Clacso, Buenos Aires, 2010 et 2e éd, Cideci, San Cristóbal de Las Casas, 2012).

24 La dignité est omniprésente dans les luttes indigènes, et en particulier dans les conceptions zapatistes, voir *supra*, chapitre 2. Ajoutons qu'elle est *lutte* contre tout ce qui la nie (le mépris, la discrimination, l'absence de conditions de vie décentes) et ressort d'*indignation* face à l'injustice.

25 Cette égalité n'est évidemment pas conçue de manière homogénéisante, mais à partir des différences. Pour un essai de construction interculturelle des revendications de genre, voir Sylvia Marcos et Marguerite Waller (dir.), *Diálogo y Diferencia. Retos feministas a la globalización*, UNAM, Mexico, 2008, en particulier Joy Ngozi Ezeilo, « Feminismo y derechos humanos en la encrucijada de Africa : reconciliando universalismo y relativismo cultural », p. 421-456 (qui engage une reformulation des valeurs universelles, à partir d'une double critique de l'individualisme occidental et du caractère hiérarchique et discriminant envers les femmes du communalisme traditionnel).

souvent dénommé harmonie, qui engloberait l'humain et le non-humain. Mais c'est là s'avancer beaucoup trop, alors qu'il importe seulement, pour l'heure, de se soucier des conditions susceptibles de rendre possible un tel processus de construction.

C'est par le terme d'interculturalité que l'on peut désigner cette démarche, à condition d'y voir un projet proprement politique de cocréation d'une humanité émancipée, par opposition au multiculturalisme systémique qui célèbre les différences, pourvu qu'elles se maintiennent dans des limites raisonnables (culturelles et dépolitisées), et en fait même l'une des modalités privilégiées de contrôle des populations [26]. Quels sont les premiers pas susceptibles d'engager cette conformation interculturelle d'une humanité une et multiple ? Un premier registre, minimal, est celui du respect mutuel entre des manières d'être et de penser distinctes, entre des cultures et des constellations épistémiques différentes. Cette coexistence respectueuse implique la proportionnalité, c'est-à-dire la reconnaissance par chaque collectif de ses limites, de son propre espace et de celui qui correspond à d'autres collectifs. Telle est la base de toute rencontre et de toute coopération entre les multiples collectifs qui composent la mosaïque planétaire.

Encore peut-on souhaiter aller au-delà de la simple acceptation respectueuse de l'autre, pour passer à une reconnaissance de la *valeur* de l'autre. S'ouvre alors la possibilité d'un dialogue, dans lequel aucun collectif n'aurait de raison de s'engager s'il ne percevait dans le monde de l'autre une chance et une occasion pour transformer son propre monde et l'enrichir, ne serait-ce

---

26 Sur la *combinaison* entre gestion homogénéisante et gestion différentielle des populations, voir Maurizio LAZZARATO, *Expérimentations politiques*, *op. cit.*, p. 69-71.

qu'en le faisant exister en regard d'autres possibles humains et non humains [27]. Un tel dialogue présuppose que l'altérité de l'autre ne demeure pas absolue, totalement impénétrable. La capacité d'*écoute*, prédisposition à faire place, en soi, à l'altérité de l'autre, s'avère ici éminemment précieuse, sans qu'on puisse garantir qu'elle suffise à déjouer les embûches et les malentendus qui parsèment nécessairement un tel cheminement. Il y faut aussi un effort patient de compréhension – comme saisie de ce qui était jusque-là insaisissable et incorporation de ce qui était étranger – afin d'élaborer des plages de traductibilité entre univers culturels distincts.

Mais encore convient-il d'assumer la conscience d'une incomplétude, car c'est dans la reconnaissance de l'inachèvement de soi comme de la perfectibilité du collectif auquel on appartient que l'ouverture à l'altérité peut avoir quelque chance de s'opérer. C'est depuis l'autre en soi, depuis le non-soi de soi, que s'amorce la rencontre avec l'altérité de l'autre. Du reste, le dialogue interculturel gagne à s'articuler à une dimension intraculturelle, soucieuse de récupérer les pans occultés ou marginalisés de chaque culture. Cette partie dominée est bien l'autre en soi de chaque formation culturelle et c'est souvent en elle que l'altérité des autres cultures vient faire écho. Une autre manière de faire place au non-soi de soi consiste à pratiquer la relativisation de sa propre culture, à se déprendre de son univers familier, afin de rompre les illusions propres à la naturalisation des faits culturels. Mais la réflexivité autocritique n'est assurément pas la seule voie par laquelle peut se manifester un désir

27 On se réfère ici et pour ce qui suit à Raúl Fornet-Betancourt, *Tareas y propuestas de la filosofía intercultural*, Cideci-Unitierra, San Cristóbal de Las Casas, 2009, *Filosofar para nuestro tiempo en clave intercultural*, Mainz, Aix-la-Chapelle, 2004 et, en français, *La Philosophie interculturelle. Penser autrement le monde*, Éditions de l'Atelier, Paris, 2011.

d'autotransformation. Sous des formes diverses, c'est dans la reconnaissance de la non-fixité et de la perfectibilité de son propre univers culturel que le dialogue interculturel trouve l'une des conditions de sa fécondité [28].

L'interculturalité n'est pas un *supplément* qui viendrait s'ajouter à l'organisation écosociale de la production et à l'agencement non étatique de l'autogouvernement. Elle est l'une des conditions mêmes du monde que l'on évoque ici. La coopération (fédérative ou autre) des collectifs autonomes en dépend, comme en dépend la capacité à surmonter les tensions entre les impératifs partagés d'une communauté planétaire et le respect de la diversité des choix assumés par des collectifs engagés dans des trajectoires différenciées du point de vue culturel, épistémique et éthique. D'un côté, l'effort de construction interculturelle devra tenter de faire émerger les plages partagées d'un universel concret, espace mouvant forgé dialogiquement où puisse à la fois se reconnaître la pluralité des mondes et s'éprouver une humanité constituée par ses différences [29]. De l'autre, il faut se faire à l'idée que le monde dont il est question ici doit être capable de faire place à des mondes *véritablement* distincts les uns des autres.

---

28 L'interculturalité ne doit pas être entendue « comme un dialogue entre identités ou cultures comprises comme unités achevées, mais comme un dialogue entre formations historiques qui se transmettent mutuellement leur histoire, dans la conscience de leur historicité, c'est-à-dire en se narrant leurs genèses et en se transmettant la contingence et l'ambivalence de ce que leurs formations ont réussi à produire », *Tareas y propuestas*, *op. cit.*

29 La multiplicité humaine, entendue dans la perspective d'une interculturalité politique, est l'un des leviers de constitution d'un monde postcapitaliste : « La libération de la pluralité s'enracine dans une volonté de partager monde et humanité qui engendre des mondes libérés en réciprocité, c'est-à-dire des mondes réels propres, mais se reconnaissant comme cofondateurs de la réalité humaine », *ibid.*

Revirement historique et révolution anthropologique

Sortir du capitalisme signifie bien plus qu'un simple changement de système économique. C'est une rupture avec l'ensemble de l'organisation collective, politique et sociale, ainsi qu'avec les modes de production des subjectivités propres à la société marchande. Plus profondément même, cela implique de rompre avec la forme d'humanité caractéristique de la modernité occidentale et sans doute avec des tendances historiques de plus longue durée encore, englobant le capitalisme et les grands systèmes antérieurs d'exploitation et de domination étatique. Est-il donc raisonnable d'envisager un tel revirement de civilisation ? L'évolution des sociétés humaines, apparemment orientée vers des échelles d'organisation sans cesse plus amples, vers des mécanismes de domination et de contrôle de plus en plus sophistiqués et tentaculaires, ne dément-elle pas une telle éventualité ? Ce que nous croyons savoir de la nature humaine ne la rend-elle pas plus impensable encore ? De telles questions obligent pour le moins à considérer que la transformation radicale envisagée ici est nécessairement aussi une révolution anthropologique.

Le schéma d'une histoire supposée universelle, portée de la préhistoire à nos jours par une dynamique de croissance continue (de la population, des capacités de maîtrise et d'exploitation de la nature, de la production, des échanges, de la complexité des organisations sociopolitiques, etc.) est aussi solidement enraciné qu'illusoire. Sans doute fait-elle partie des grands mythes scolaires inculqués à coups de graphiques, de cartes et d'incorporation de la pensée quantitative. Cette logique de croissance apparemment infinie est celle que, sous les noms de Progrès ou de Développement, l'Occident capitaliste a imposée au reste du monde au cours des derniers siècles.

Mais le fait qu'elle entraîne aujourd'hui la planète entière dans sa course folle n'autorise en aucun cas à prêter une telle logique à l'ensemble des sociétés humaines. L'écrasante majorité d'entre elles a ignoré cette pulsion quantitative et augmentative, ou du moins s'est bien gardée d'en faire la règle d'or de leur vie collective, tandis que la petite minorité de celles qui ont fait preuve d'expansivité conquérante a donné à celle-ci une forme impériale qui la vouait à se porter au-delà de ses capacités de contrôle et à se défaire à plus ou moins brève échéance. Même les grandes civilisations asiatiques ont, comme la Chine au XVe siècle, déployé des mécanismes venant bloquer leurs propres tendances expansives (commerciales ou autres), dès que celles-ci menaçaient de dépasser certaines limites et de mettre en péril les équilibres internes. Le mythe d'une histoire universelle propulsée par le Progrès ne livre aucune leçon de portée universelle : il n'est le fait que d'*une* civilisation, certes assez particulière pour s'être imposée à toutes les autres, mais dont il serait dangereux de projeter les caractéristiques sur l'humanité tout entière et de confondre le destin propre avec l'histoire multiforme et multilinéaire des sociétés humaines.

Quoi qu'il en soit, le point auquel l'expansion menée sous les auspices de l'Occident a conduit l'humanité fait d'un revirement radical une nécessité absolue, une stricte question de survie. Il n'y a pas d'autre option que d'engager un renversement des dynamiques profondes d'une histoire longue, à moins d'accepter qu'il puisse ne plus y avoir d'histoire humaine du tout. Le monde qui produit la possibilité d'une autodestruction de l'humanité est aussi celui qui produit la nécessité d'une inversion de tendance radicale. Nous en sommes à ce moment où le destin de la planète et celui de l'humanité qui désire continuer à l'habiter doivent se rejouer entièrement, en une redistribution complète des options historiques.

Dira-t-on que l'univers social évoqué au chapitre précédent est condamné, par ce que l'on peut savoir de la nature humaine, à demeurer un aimable rêve, touchant d'ingénuité ? Comment imaginer un monde fondé sur la coopération et l'auto-organisation non coercitive, alors que nous sommes habitués à tirer de notre expérience et des leçons supposées de l'histoire la certitude que l'humain se caractérise par l'égoïste souci de soi, par la recherche de l'intérêt personnel ou, au mieux, par un décourageant manque de conviction et de persévérance dans la réalisation des tâches collectives ? Pourtant, tout en rappelant que la nature humaine n'est rien d'autre qu'un devenir culturel, Marshall Sahlins a montré que l'image de l'homme recherchant son propre intérêt au détriment d'autrui constitue une représentation très spécifique, forgée en Occident : en deux mots, une « illusion occidentale [30] ». Déjà mise en avant par Thucydide, cette conception trouve l'une de ses expressions achevées chez Hobbes, qui fait des institutions, et notamment du pouvoir d'État, l'unique moyen d'échapper à la guerre de tous contre tous à laquelle conduirait le libre cours laissé aux passions inhérentes à la nature humaine, qui pousse chacun à dominer autrui dès qu'il le peut. Le siècle des Lumières y ajoute, sans doute pour la première fois dans l'histoire de l'humanité, une valorisation de l'égoïsme et de l'intérêt personnel qui, au lieu d'apparaître

30 Marshall Sahlins, *La Nature humaine, une illusion occidentale*, *op. cit.* Rappelons que le même auteur a apporté une contribution majeure à la critique de la conception progressiste de l'histoire, dont l'inévitable « point 0 » est une préhistoire que l'on croit marquée par le complet dénuement d'une humanité faisant face à ses besoins avec une extrême difficulté ; voir *Âge de pierre, âge d'abondance. L'économie des sociétés primitives*, Gallimard, Paris, 1976. Cet ouvrage a aussi attiré l'attention sur les capacités d'autolimitation des premières sociétés humaines, et notamment sur leur désintérêt pour une augmentation productive qui signifierait un surcroît de travail.

comme des penchants naturels contre lesquels l'institution dresse un rempart, deviennent le fondement même et la raison d'être de la vie en société. Depuis deux siècles, les apologistes du capitalisme peuvent argumenter que celui-ci est, de tous les systèmes, le moins mal adapté à l'égoïsme de la nature humaine, puisqu'il fait justement de l'intérêt personnel et de l'effort pour le satisfaire les moteurs de son fonctionnement et ses valeurs cardinales. Mais c'est occulter la raison même de cette coïncidence, à savoir le fait que l'idée dominante de la nature humaine en Occident a été forgée au moment même de l'essor du capitalisme, à l'image et à la ressemblance de celui-ci. Il est absolument urgent et indispensable de nous défaire d'une conception de l'homme qui n'est que la naturalisation d'une représentation fondée sur l'intérêt instrumental et destinée à convaincre du caractère indépassable – parce que inscrit dans l'essence même de l'humain – du capitalisme.

Désapprendre tout ce qui touche à cette image de l'homme n'est pas aisé. Pourtant, s'il est exclu de nous en remettre à l'angélisme d'une nature entièrement altruiste et pacifique, nous ne sommes nullement condamnés au fardeau d'une nature humaine égoïste (Hobbes), perverse (Augustin) ou vouée à des pulsions mortifères (Freud), menaçant à tout moment de rompre la possibilité de la vie sociale, de sorte que ce serait seulement contre l'homme lui-même et les forces antisociales logées en lui qu'un ordre collectif serait possible, à travers la contrainte civilisationnelle, la répression des instincts et le dessaisissement de la souveraineté de tous au profit de l'appareil d'État [31]. Il suffit pour s'en convaincre d'être attentif aux centaines de sociétés humaines qui ont élaboré une autre vision de l'humain et se sont bien gardées de fonder leur organisation sur

31 Marshall SAHLINS, *La Nature humaine*, *op. cit.*

l'intérêt matériel, le productivisme et la volonté de domination. Le fait que de nombreuses sociétés (imparfaitement) égalitaires aient pu exister, se maintenir et parfois se renforcer contribue à battre en brèche la conception occidentale d'une supposée nature humaine : n'ignorant ni la compétition, ni l'appât du gain, ni le goût du prestige, nombre d'entre elles n'en ont pas moins su contenir dans certaines limites les formes de hiérarchie présentes en leur sein, éviter la concentration des pouvoirs et préserver leurs instances de décision démocratiques [32].

L'ontologie de la modernité capitaliste comporte au moins trois traits avec lesquels il s'agit de rompre simultanément : l'idée d'une nature (pré- ou extra-sociale) de l'homme, la prééminence de l'individu sur la société et, enfin, la distinction entre nature et culture. Les humains ne peuvent exister que socialement et les sociétés qu'ils créent et qui les créent ne cessent de se transformer et de les transformer. Plutôt que l'Homme, catégorie abstraite renvoyant à une entité anhistorique, l'*humain* en désigne la constitution sociale, éminemment variable, ce qui veut dire aussi que l'« humanité » ne se réfère pas à une entité biologique et ne saurait être pensée comme un concept unificateur ou défini substantiellement [33]. Ce n'est que dans la pleine reconnaissance de sa diversité culturelle et historique que peut s'éprouver quelque chose comme l'*humanité*, c'est-à-dire aussi dans les plages d'interculturalité qui naissent de cette reconnaissance. Quant au mythe d'un individu

32 David Graeber, *Pour une anthropologie anarchiste*, Lux, Montréal, 2006 et « La démocratie des interstices », *loc. cit.*

33 Il s'agit d'un concept non unitaire et non substantiel. Il suppose du commun et une certaine unité, à condition de bien saisir que l'unité ne suppose pas l'homogénéité et n'est nullement la négation de sa multiplicité constitutive.

préexistant à l'état social, c'est une vue de l'esprit sans pertinence : l'humain se constitue d'emblée *dans* et *par* les relations aux autres que l'inscription sociale met en jeu [34]. Le postulat d'une dualité entre individu et société s'effondre alors et fait place, comme on l'a dit déjà, à une conception interpersonnelle de la personne. Impliquant la pleine reconnaissance de la nature sociale de l'humain, celle-ci est nécessairement ouverte à la multiplicité et à la variabilité des situations historiques : les modes de production des subjectivités glissent dans la texture des interactions collectives au sein desquelles ils opèrent. Et, si l'on admet qu'un humain est constitué par les liens interpersonnels qui tissent peu à peu son existence et la rendent possible, il n'est pas interdit de penser qu'une société fondée sur la coopération entre égaux et sur l'autogouvernement permette de balayer l'illusion d'une nature humaine égoïste et antisociale [35].

Il s'agit également de renoncer à placer l'homme à part de la nature, en surplomb de celle-ci. Cette séparation, exprimée par la coupure entre nature et culture (mais aussi par la scission, dans l'homme lui-même, entre sa nature supposée et son être social, ou encore entre sa part animale et sa part rationnelle), n'a

---

34 Voir François Flahaut, *Le Paradoxe de Robinson. Capitalisme et société*, Mille et une nuits, Paris, 2005 (et, pour la formation de l'individualisme moderne, Louis Dumont, *Essais sur l'individualisme. Une perspective anthropologique sur l'idéologie moderne*, Le Seuil, Paris, 2e éd., 1985).

35 Il n'y a pas davantage de nature humaine bonne et coopérative. Il est évident que les désirs des uns et des autres peuvent déborder en rivalités et conflits, et ne pas s'ajuster au meilleur fonctionnement des collectifs. Mais ces situations se réduisent considérablement et assument des proportions bien plus restreintes, dès lors que les logiques sociales cessent de les susciter et de les utiliser, à mesure aussi que disparaissent les chaînes de frustration découlant du mal vivre, des injustices et des humiliations, à mesure enfin que le désir de reconnaissance, cessant d'être attisé par le manque de considération (ou la crainte d'en être victime), prend des formes moins agonistiques et plus sereines.

rien d'universel. À l'image d'une nature humaine égoïste et antisociale, elle est même la « chose du monde la moins partagée », selon l'expression de Philippe Descola [36]. Cette ontologie très singulière, qualifiée de « naturaliste » par le même auteur, prend la relève de certains aspects de la pensée grecque ancienne comme de la lecture médiévale du récit biblique de la Création, mais sa véritable cristallisation se situe aux XVIIe-XVIIIe siècles, avant de conduire, avec l'essor du capitalisme, à une exploitation intensive des ressources naturelles et finalement à un processus de production de la nature, modifiée génétiquement et soumise à une marchandisation généralisée [37].

Changer d'anthropologie c'est donc aussi modifier notre conception de la relation entre l'humain et le non-humain. Le prix de la discontinuité naturaliste, livrant la nature à la domination sans limite des hommes et aux appétits tout-puissants de la machine économique, est désormais suffisamment établi, et assez lourd, pour qu'il apparaisse indispensable de s'acheminer vers une option continuiste qui réintègre l'humain au sein du monde naturel. Parler de continuité entre l'humain et la nature, entre l'humain et l'animal, ne revient pas à postuler entre eux une homogénéité totale ou une complète identification. Il serait vain, ou même pernicieux, de nier les particularités de l'espèce humaine, non seulement parce que celle-ci est la seule à pouvoir détruire aussi radicalement le milieu nécessaire à sa propre survie, mais surtout parce que, pour cette raison même, c'est à elle qu'incombe la responsabilité d'éviter cette dévastation et de recréer les conditions d'une sauvegarde de la biosphère. En revanche, cela implique de se défaire de la séparation

---

36 Philippe Descola, *Par-delà nature et culture*, Gallimard, Paris, 2005.

37 Neil Smith, « De la nature comme stratégie d'accumulation », *Contretemps*, n° 20, 2007, p. 50-60.

nature/culture et d'écarter la dualité humain/animal, afin de concevoir l'espèce humaine comme partie intégrante d'un réseau de complémentarités et d'interactions qui la dépasse [38]. Obligation lui est donc faite d'envisager son action et son devenir dans le respect de sa demeure et des interdépendances entre l'humain et le non-humain qui sont la condition de son bien vivre sur la Terre.

Cette reconnaissance signe la fin de la toute-puissance de l'Homme prométhéen, dans le même temps où la fiction de l'individu monadique démontre sa vacuité. Elle est aussi le fondement d'une éthique de la proportionnalité, laquelle, au point où nous en sommes, relève moins d'un choix que d'une nécessité, du moins si l'on tient à sauver les conditions d'une vie où l'humain puisse se reconnaître comme tel. Dès lors que les humains admettent le caractère constitutif des réseaux d'interdépendances dans lesquels ils s'inscrivent, depuis la structuration interpersonnelle de la personne jusqu'à l'éco-appartenance de leurs collectifs, leur capacité d'action ne peut échapper à tout sens de la proportion. Elle se doit de préserver les interactions propres à leur milieu de vie, ou du moins de les modifier avec assez de précautions pour que les conséquences n'en soient pas fatales. La planète Terre n'est pas une maison que l'homme aurait construite de ses mains et qu'il pourrait modifier à sa guise avec tous les droits d'un propriétaire. Elle lui préexiste ; elle lui est donnée, quoique désormais rendue fragile par les agissements de ce remuant locataire. L'homme ne peut maîtriser les conditions écologiques de sa propre vie. La production

38 Précisons encore que l'humain, tel qu'on l'entend ici, ne se définit pas par sa dissociation d'avec le non-humain (en premier lieu l'animal) : la différenciation/continuité avec le non-humain est *interne* au fait humain.

marchandisée de la nature joue du fantasme d'un tel pouvoir, mais elle accentue la dévastation planétaire. Les humains se trouvent donc appelés à une conscience de proportionnalité : leur propre place dépend de celle qu'ils font aux autres, humains et non-humains. Le principe d'interrelation qui est au cœur de la constitution écosociale de l'humain introduit simultanément de la proportion et de l'extension dans l'existence. Il n'y a pas de devenir sans capacité à reconnaître le devenir, pour chacun, des multiples autres qui le constituent et qui amplifient ses propres potentialités.

Ainsi, l'humain se libère tout à la fois de sa supposée nature égoïste et antisociale, de l'exigence individualiste d'être « par lui-même un tout parfait et solitaire [39] » et de sa posture de maître autoproclamé de l'univers. Il lui revient de faire preuve d'un peu de retenue et d'un sens élémentaire de l'équilibre. Mais il n'y a, en cela, guère à perdre, sauf à considérer que nos subjectivités, modelées par la marchandisation capitaliste, nous font obligation de croire que la participation aux circuits économiques de la production et de la consommation conditionne l'épanouissement humain.

Il s'agit d'en finir avec cet être de désirs supposés illimités, mais devenu la proie des fétichismes de pacotille et des frustrations à répétition. Avec cet individu prétendument autonome qui, à un bout ou à l'autre de la chaîne, succombe toujours aux effets de la loi du plus fort. Avec l'Homme qui, en prétendant soumettre la nature à son pouvoir quasi démiurgique, se heurte à sa propre puissance d'autodestruction. À la combinaison du désir d'illimitation et de l'incessant retour du manque et de la

39 Jean-Jacques Rousseau, *Du Contrat social*, II, 7, cité et commenté par Louis Dumont, *Essais*, *op. cit.*, p. 118.

vacuité, propre à l'individualisme de la société marchande, on peut opposer une conjonction entre l'expansivité créative des subjectivités et leur sens de la proportionnalité, paradoxe que la conception interpersonnelle de la personne permet de tenir. Prend forme alors une autre conception de l'humain et de sa constitution écosociale et interpersonnelle, condition d'une liberté véritable et d'un bien vivre fondé sur l'égalité des conditions, le temps disponible, l'autogouvernement et l'expansion relationnelle des subjectivités.

CHAPITRE 5

Nous sommes déjà en chemin

« Notre lutte est pensée en action et elle est pensée à partir du sol. »

Abahlali baseMjondolo, Mouvement des « habitants des cabanes de bidonvilles », Afrique du Sud

Les obstacles qui se dressent pour empêcher la réalisation du monde décrit dans les chapitres précédents, ce monde du faire réconcilié, de la détente temporelle et de la créativité intersubjective, sont considérables et pourraient même paraître insurmontables. Tout esprit sensé perçoit aisément que la perpétuation de la société de la marchandise, et par conséquent le délitement des conditions de survie de l'humanité, reste le plus probable de tous les scénarios. Pourtant, même si nous savons qu'il ne saurait exister de société parfaite et hors de l'histoire, préservée de toute discorde et libérée de la nécessité de lutter contre des risques d'institutionnalisation et de séparation, une simple confrontation entre la réalité présente d'un capitalisme mortifère et la possibilité raisonnée d'autres mondes assurant à tous une vie digne et libre, invite à se demander conjointement pourquoi le premier continue, tant bien que mal, de tenir debout et comment contribuer à l'avènement des seconds.

Sur ce dernier point, il est clair que la classique stratégie de la Révolution, centrée sur la prise du pouvoir d'État, a fait long feu. Pour autant, on ne peut pas davantage s'en tenir au paradigme de la résistance qui s'est imposé, plusieurs décades durant, à mesure que s'approfondissait la crise de la politique révolutionnaire. Certes, il ne s'agit pas de minimiser l'importance de la notion de *résistance*, qui sert d'assise légitime à bien des luttes, mais plutôt d'indiquer que, livrée à elle-même, elle a pu signer l'élision des perspectives d'émancipation. Aujourd'hui, sous l'effet du regain des impulsions anticapitalistes, les scénarios se multiplient et, souvent, s'opposent. Les uns insistent sur les ravages de la fétichisation qui enferme les esprits et les corps dans l'horizon d'un système qui pourtant s'effondre, tandis que d'autres envisagent la sortie du monde de la marchandise comme une sorte d'exode relevant d'un acte de volonté, ou imaginent une société postcapitaliste émergeant des transformations technologiques et productives promues par le capitalisme lui-même [1]. Souvent, on s'efforce de penser la transformation systémique de façon moléculaire, comme multiplication de micro-initiatives présentes, plutôt que sous la forme ramassée du Grand Événement futur. Mais ces efforts, soucieux de se démarquer de la Révolution majuscule d'antan, risquent de s'enfermer dans l'image inversée du spectre qu'ils combattent. Il faut donc tenter d'aller au-delà de certaines oppositions trop rigides, afin de mieux situer la place qui revient à notre agir, dès maintenant et pour ce qui vient.

---

1 On a déjà fait allusion, dans le chapitre 1, aux théories qui font du travail immatériel et cognitif le cœur du nouveau capitalisme et la base de sa transformation potentielle en une société proprement *communiste* (Michael Hardt et Antonio Negri, *Empire*, *op. cit.* ; Yann Moulier Boutang, *Le Capitalisme cognitif*, *op. cit.*). La nécessaire critique de ces thèses n'implique pas de dénier ce que les technologies modernes, notamment celles du numérique, pourraient apporter à la construction d'un monde postcapitaliste, comme le suggère André Gorz (*Écologica*, *op. cit.*).

Au-delà des deux scénarios

Que les dominants aient intérêt à maintenir, voire à amplifier, les conditions qui leur garantissent le maintien de leur position relève de l'évidence et on ne peut douter qu'ils soient prêts à mener une guerre totale (et qu'ils s'y préparent) contre ceux qui prétendraient mettre en cause leurs privilèges. Comme dans toute formation sociale fondée sur l'inégalité et l'exploitation, l'art des dominants consiste à faire en sorte qu'une fraction des dominés pensent avoir intérêt au maintien du *statu quo*. Ainsi, en dépit du déclin de leur part de revenus, les classes moyennes peuvent encore, pour une partie d'entre elles, succomber aux séductions d'un relatif confort matériel et culturel, agrémenté de quelques miettes de l'orgie boursière, trop heureuses de se croire préservées du gouffre de la désintégration sociale qui, pourtant, les menace avec toujours plus d'insistance. Pour durer, un système sociopolitique doit encore maintenir quelques semblants de crédibilité et s'assurer d'un minimum de consentement nécessaire. Dans notre monde, l'idéologie des droits de l'Homme, la croyance dans la liberté d'expression et l'illusion de la démocratie électorale, périodiquement démasquée et néanmoins restaurée à la faveur de chaque scrutin, concourent à cette fonction, même si leur caractère de leurre transparaît chaque fois avec plus d'évidence. On peut aussi, si besoin est, ressortir des malles de l'histoire la classique recette de tout pouvoir, qui se fait gloire d'offrir aux populations une protection contre les ennemis qu'il crée de toutes pièces ou s'emploie à monter en épingle (l'empire du Mal, le terrorisme, la délinquance...). Aujourd'hui, le binôme menace/protection tend à se fondre dans une sorte de gouvernement par l'insécurité, qui joue tout autant des Grands Ennemis clairement pointés du doigt que d'un sentiment diffus de vulnérabilité, entretenu par la flexibilisation du travail, le risque d'exclusion sociale et le vide qui se loge au cœur des subjectivités.

Mais, au fond, si un système social injuste et oppressif assure sa permanence, c'est moins parce qu'il bénéficie d'un consentement explicite que dans la mesure où il parvient à créer les conditions d'une conformité pratique de tous ceux qui ne peuvent faire autrement que d'y tenir leur place – ou de s'en faire une – pour subsister. « Il faut bien *gagner sa vie* » est aujourd'hui l'impérieuse loi de l'adhésion sociale : étonnante formule qui dévoile combien la vie entière est soumise aux exigences du salariat et du travail, et même conditionnée par une telle soumission. La redoutable conjonction de la menace de l'exclusion et de l'obligation concurrentielle généralisée démultiplie encore l'efficacité de cette injonction. Mais il faut aussi reconnaître que celle-ci joue à la fois, dans des proportions variables selon les milieux sociaux, des stricts impératifs de la survie et des satisfactions que fait miroiter la consommation des biens matériels ou immatériels – lesquelles ne sont jamais bien loin de dévoiler leur vacuité ou de basculer dans la servitude lorsque l'endettement massif referme le piège du cycle travail/consommation/travail. Finalement, la vie sociale relève d'un incroyable automatisme qui tient à l'incorporation pratique de ses normes : on agit ainsi parce que les choses sont ainsi.

La permanence d'un système social repose donc sur une étrange tautologie : cela tient parce que cela tient. C'est-à-dire aussi... jusqu'au moment où cela commence à ne plus tenir. Jusqu'au moment où, loin d'entretenir les automatismes qui lui permettent de se reproduire, *quelque chose* comme une secousse collective amorce une dynamique inverse. S'enclenche alors un processus de dés-adhésion, de reconnaissance de l'arbitraire du monde social, donné jusque-là pour un cadre intangible de vie (ce qui oblige aussi à remarquer que, sous les apparences de la stricte conformité sociale, une part d'insatisfaction latente, non exprimée et sans doute en partie non consciente, devait bien être présente antérieurement). La constitution dominante de la réalité commence alors à se déliter, ouvrant la voie à la désobéissance, à l'insubordination, à l'expérimentation d'autres formes de subjectivité et d'autres manières d'agir. Cette dés-adhésion se nourrit de la digne rage que suscitent tant d'injustices, de souffrances, de destructions, de désastres. Elle suppose d'éprouver combien la réalité présente est inacceptable ; elle consiste à *in-accepter* l'inacceptable. Mais elle se nourrit aussi de l'espérance mobilisatrice – ou du moins de l'intuition – qu'une autre organisation sociale est possible. Elle se fait lutte, réalité contre réalité, mondes contre mondes.

On connaît de trop simples manières d'imaginer le passage d'un univers à l'autre. La théorie révolutionnaire classique est celle d'un Grand Soir dont le fait central serait la prise d'un quelconque Palais d'hiver. Cette révolution-là doit généralement attendre que mûrissent les conditions objectives ; elle est pour plus tard. C'est pourquoi cet imaginaire a pu constituer, paradoxalement, un facteur d'acceptation des conditions de vie présentes. Puis, en réaction à cette mythologie de l'événement révolutionnaire, on en est venu, dans les dernières décennies du siècle passé, à se représenter le glissement d'un monde à l'autre moins comme un affrontement épique que comme une sorte d'exode capillaire et presque invisible, une désertion subreptice des formes d'aliénation capitaliste [2]. On a ainsi glorifié un processus déjà amorcé, en cours sous nos yeux et auquel chacun pourrait s'associer par le geste d'un renoncement à sa servitude volontaire. On a prétendu que c'est en optant individuellement

---

2 Michael Hardt et Antonio Negri, *Empire, op. cit.*

ou au sein de collectifs restreints pour la déconnexion et en escomptant la diffusion et la convergence de tels choix, qu'il serait possible d'aboutir à une transformation radicale de la société. Pourtant, s'il convient d'en reconnaître la valeur, les limites avérées de telles expériences, menées dans un environnement capitaliste, conduisent à observer qu'il ne suffit pas d'une décision individuelle ou microcollective pour s'extraire du système social dominant, et moins encore pour espérer le voir disparaître.

Il convient donc de s'avancer au-delà de l'opposition entre les deux types de scénarios qu'on vient d'évoquer, comme entre les manières de concevoir la transformation sociale qu'ils supportent. La critique croisée de l'un par l'autre peut y aider. Si l'on admet qu'il n'existe pas une voie royale ni une seule manière légitime de concevoir la lutte, il devient possible de combiner plusieurs fronts et de faire place à la multiplicité des expérimentations comme à l'inventivité des formes d'engagement antisystémique, des plus minimes aux plus radicales. Il ne s'agit plus de s'en remettre à un Événement majuscule, concentré dans le temps et reporté dans un futur lointain, qu'il s'agisse de la conquête de l'État, d'une insurrection générale ou de l'effondrement du système capitaliste. Mais on ne peut pas non plus se contenter de parier sur la prolifération présente de micro-événements et de gestes singuliers. Il s'agit de dépasser l'opposition entre un devenir révolutionnaire déjà là et une Révolution, politique ou sociale, renvoyée à plus tard. Car il serait aussi stérile de tout miser sur la seule construction immédiate qu'il était trompeur de s'en remettre à l'attente de conditions objectives favorables. Quelle que soit l'importance que l'on accorde à la mise en mouvement engagée dès maintenant, celle-ci ne peut se suffire à elle-même, sauf à nourrir l'illusion que la partie serait déjà gagnée. Il ne peut y avoir de temporalité révolutionnaire que multiple, entrelaçant l'immédiateté de ce qui se construit au présent, l'imminence de ce qui se prépare et l'espérance de ce qui n'est pas encore.

Faire croître nos espaces libérés

La dynamique révolutionnaire commence ici et maintenant. Les circonstances planétaires et en particulier le rythme accéléré de l'écocide en cours imposent l'urgence, en même temps que la patience de qui sait se préparer comme il convient. Commencer dès maintenant doit permettre de combiner toutes les échelles que les rapports de force permettent d'envisager ou de créer. Les zapatistes (et d'autres aussi, comme le Mouvement des Sans-Terre, au Brésil) ont porté les expériences d'autonomie à une échelle notable, même si elles restent fragiles, soumises comme elles le sont à la pression d'un environnement hostile. Mais les expériences plus limitées n'en ont pas moins leur pertinence.

Il s'agit, par tous les moyens et sous toutes les formes possibles, de créer ce que l'on appellera des *espaces libérés*. Ce ne sont pas nécessairement des espaces physiques, ni non plus entièrement libres de toutes les ingérences de l'univers capitaliste. Il suffit qu'ils soient en procès de le devenir, ou bien qu'étant déjà en partie libres, ils luttent pour ne pas cesser de l'être. En quoi peuvent consister ces espaces libérés ? Pour commencer, il est essentiel de prendre conscience des espaces libérés (ou libres [3]) dont nous disposons déjà. De fait, pour se

3 On épargnera au lecteur de répéter à chaque fois le « partiellement », pourtant de rigueur (de même que la dualité entre les espaces en procès d'être libérés et ceux qui, étant en partie libres, luttent contre leur destruction).

reproduire, la société capitaliste a besoin, dans une certaine mesure, de relations sociales non capitalistes. Nous vivons dans un univers dominé par les normes de la société marchande, mais nos relations d'amitié, d'amour, notre intimité et nos rêves ne sont pas (entièrement) régis par elles. Si tel était le cas, la vie dans le monde capitaliste, déjà insupportable, deviendrait littéralement impossible. Nous pouvons donc identifier les lieux et les moments où se déploient ces relations préservées des obligations du travail, de la rentabilité, de la concurrence et y planter mentalement le drapeau qui identifie nos « espaces libérés ». Ce *geste* peut nous aider à les rendre plus visibles (pour nous-mêmes) et à les défendre avec plus d'énergie, car il est clair que la sphère dite privée est de plus en plus envahie et colonisée par les catégories du monde de la marchandise, par l'angoisse du travail ou du chômage (jusqu'au point extrême d'une succion complète de la capacité vitale, lorsque le stress au travail ou la perte de celui-ci conduisent au suicide), par la préoccupation de l'argent et des signes comptables de la réussite, par les stimulations de la pulsion de consommer, par l'omniprésence des écrans de l'incommunication, par les stéréotypes du devoir-être social, les manières d'agir égocentriques et concurrentielles, etc. Il convient donc non seulement d'identifier et de défendre ces espaces libérés, mais aussi de les revendiquer, de les déclarer tels, pour prendre conscience de la valeur de ces réservoirs de vie non encore entièrement fétichisée et en faire un point d'appui dans notre cheminement anticapitaliste. De manière comparable, quoiqu'à une tout autre échelle, les peuples indiens optent pour assumer et défendre les territoires et les formes d'organisation collective qui, malgré les effets successifs de la colonisation, de l'intégrationnisme national et de l'expansion des logiques de marché, ont pu en partie échapper à la généralisation des normes capitalistes. Dans tous les cas, il paraît sage de partir de ce dont nous disposons déjà, de sorte qu'un exercice d'inventaire des espaces de vie et des formes de relations épargnés par les normes capitalistes ou non entièrement dominés par elles serait précieux. Au lieu de nous contenter de les traverser en expérimentant ce qui reste des saveurs variées de la vie sensible, nous pourrions repenser la portée de ces espaces et tenter de les transfigurer en autant de bases à partir desquelles résister à la domination capitaliste et œuvrer à la récupération de notre puissance de faire et de notre liberté [4].

Il s'agit ensuite de continuer à exercer une poussée tout autour de nous, pour contenir la pression systémique et dégager de nouveaux espaces libérés (ou pour libérer plus profondément ceux dont nous disposons déjà). Aucune échelle, aussi modeste soit-elle, ne saurait être dépréciée. La tâche commence au niveau individuel, familial ou au sein des microcollectifs que nous pouvons former avec quelques amis ou voisins, jusqu'aux collectifs et organisations plus amples. Toutes les pratiques qui desserrent l'étau des logiques marchandes et déjouent la nocive absurdité des détours de l'économie sont précieuses, de même que toutes les formes de désobéissance et de refus de l'imposition qui démontrent que l'automatisme de la conformité sociale et de la passivité n'est pas l'unique voie possible. On évoquera quelques modalités possibles, sans prétendre épuiser les formes que peuvent prendre les espaces libérés, variables au gré des situations et d'une inventivité partagée, impossibles à circonscrire *a priori*.

4 Il est clair que, dans la société capitaliste, les relations et espaces de vie non entièrement capitalistes ont une fonction systémique (en tant qu'espaces de reproduction de la force de travail, en tant que « temps libre » voué à la consommation, etc.). Il s'agit d'arracher ces espaces à leur fonctionnalité systémique pour faire d'eux l'une des bases de notre cheminement anticapitaliste.

Dans la mesure où le système capitaliste promeut l'intensification d'une double hétéronomie – dépendance à l'égard du marché pour se procurer l'ensemble des biens nécessaires, dépendance à l'égard du marché du travail pour obtenir l'argent permettant d'acheter ces biens –, il s'agit de s'efforcer de se soustraire à l'une comme à l'autre. Les grandes firmes ont besoin de notre consommation pour réaliser leurs profits et nous pouvons cesser d'acheter une part notable de leurs produits, à plus forte raison si leur production et leur distribution contribuent à la détérioration de l'environnement et de la santé humaine. Nous pouvons éliminer certains gestes de consommation qui, certes plaisants et désirables, n'en sont pas moins susceptibles de laisser percevoir la faible consistance des satisfactions procurées, sans parler du peu de poids de celles-ci au regard d'implications socialement contraignantes et écologiquement plus que fâcheuses. Nous pouvons remplacer certains produits industrialisés par d'autres que nous sommes capables de faire par nous-mêmes, et privilégier les petits producteurs locaux plutôt que de participer aux circuits planétaires de distribution. Lutter en nous-mêmes et autour de nous – par l'exemple ou, si possible, par des attitudes plus offensives contre des produits dont le sens profond est d'incarner le primat du profit sur le respect de la vie et de la santé – contre les formes de consommation qui soutiennent l'expansion du capitalisme est un aspect nullement négligeable, quoique insuffisant, de notre cheminement à rebours des incitations de la société de la marchandise. Dès lors du moins que sera dépassé le seuil des pratiques purement anecdotiques, cela peut contribuer à gripper l'expansion nécessaire de l'économie, non sans préparer la part des humains intégrés à la société de consommation à un mode de vie matériellement plus simple. Surtout, de telles attitudes ont pour vertu de faire vaciller l'illusion selon laquelle l'*American way of life* serait l'idéal inconditionnel de l'humanité (sans quoi nous serions destinés à rester pieds et poings liés aux séductions de l'univers capitaliste).

Il convient aussi d'œuvrer à défaire, en nous, l'emprise de l'idole Travail. Cela n'a rien d'aisé, car l'on bute ici sur le noyau dur du capitalisme, à savoir l'obligation de se soumettre à l'exigence du travail (salarié ou autre) non seulement pour survivre mais aussi pour exister socialement. Même si les pièges des fausses solutions sont nombreux et s'il faut être conscient que cette libération du travail n'est pas pleinement accessible dans le cadre d'un monde dominé par les normes capitalistes, il est possible de creuser des brèches par où amorcer un processus de détachement, en prenant conscience du caractère hétéronome du travail et de ses contraintes, en minimisant les bénéfices de reconnaissance qu'il est supposé apporter et en brisant au moins partiellement le piège qui pousse à la consommation pour mieux soumettre à l'obligation de travailler. Sortir de ce cercle suggère de consommer moins pour travailler moins, et ceci pour vivre bien, dans une plus grande détente temporelle. Échapper *dans la mesure du possible* aux contraintes du travail est l'amorce du mouvement anticapitaliste par excellence, lequel consiste à nous libérer *du* travail.

Récupérer et amplifier notre puissance de faire est la face positive des deux démarches précédemment mentionnées. À mesure qu'on se détache de l'emprise du travail, on dispose de plus de temps pour *faire par soi-même,* ce qui réduit d'autant la dépendance à l'égard des circuits de la consommation marchande. Les exemples vont de la confection de certains aliments, afin de suspendre l'achat de leur version industrialisée, à l'autoproduction alimentaire, grâce à l'intensification des pratiques d'horticulture ou de culture hors-sol, y compris en milieu urbain. Mais le domaine alimentaire n'est pas le seul concerné et il faut ajouter les échanges de services entre voisins ou à l'échelle du quartier, qui permettent d'éviter le recours à des professionnels rétribués ou à l'offre institutionnelle, ou encore la participation bénévole à des tâches d'intérêt collectif. De nombreuses expériences sont déjà menées, mais leur ambiguïté tient au fait que les réseaux d'échanges solidaires, les monnaies alternatives, les marchés locaux et même les formes d'autoproduction peuvent constituer autant de compléments utiles à la stabilisation des relations proprement capitalistes [5]. Il s'agit au contraire de concevoir cette récupération de la capacité de faire par nous-mêmes comme la préfiguration d'une organisation collective en rupture avec les catégories capitalistes de la valeur, de l'argent et du travail, afin de faire prévaloir la libération des capacités du faire autonome, la dé-spécialisation et la dés-économisation des activités humaines.

Recréer des espaces de coopération au niveau du voisinage, du village ou du quartier est un moyen d'amplifier notre puissance de faire, hors des circuits de l'économie, et de développer des formes d'expérience fondées sur l'interconnaissance, la confiance, la solidarité, la générosité, la gratuité, la capacité à résoudre collectivement les problèmes. Une telle récupération du sens collectif – ce qu'au Mexique on appellerait volontiers l'art de *faire communauté*, sans nullement prêter à ce terme le sens d'un enfermement dans des valeurs ethniques ou religieuses spécifiques – peut constituer une base très importante à

5 Les pratiques et relations non capitalistes existant au sein du système capitaliste sont-elles les adjuvants dont celui-ci a besoin pour se reproduire ou bien peuvent-elles posséder ou acquérir un potentiel anticapitaliste ? L'ambiguïté ne peut pas être écartée facilement, mais, là encore, tout l'enjeu consiste à transformer des espaces a-capitalistes à vocation systémique en espaces libérés anticapitalistes. La propension systémique à la destruction ou à la colonisation des premiers peut être une puissante incitation pour opérer cette transmutation.

la fois pour l'action anticapitaliste et pour le déploiement de pratiques politiques caractéristiques de l'autonomie (instances locales de décision et d'organisation collective).

On ne saurait, enfin, négliger la lutte sur le terrain des représentations. L'envahissement de la vie entière par les messages mêlés du consumérisme, de la fatalité économique et de ses divers points d'appui politico-idéologiques contribue à la naturalisation de l'état de fait. S'efforcer de miner l'expansivité de ces messages, déployer une information et des modes d'expression alternatifs, cultiver une capacité critique mettant à nu les ressorts fondamentaux du système capitaliste et les formes multiples de domination qui lui sont associées : tout cela concourt à la fragilisation des modes de vie propres à la société de la marchandise et peut contribuer efficacement, le moment venu, à amplifier et à radicaliser les processus de dés-adhésion. Cette tâche, celle de la critique sociale, gagnerait beaucoup si elle acceptait de ne pas s'en tenir à un déploiement purement argumentatif et optait pour s'appuyer sur les espaces libérés et leurs expérimentations pratiques, assumés comme autant de manières d'ouvrir vers une autre réalité possible et de rompre le sentiment fataliste de l'inéluctabilité de l'état de fait existant.

L'une des vertus principales des espaces libérés est de permettre d'expérimenter des transformations dans l'ordre des subjectivités et des relations interpersonnelles. Il s'agit de bloquer l'expansion des subjectivités compétitives et d'amorcer la mise en œuvre de contre-valeurs et de contre-conduites. Impulser cette tâche requiert sans doute un peu de compagnie ou d'amitié, de sorte que les microcollectifs et la récupération d'espaces partagés peuvent y contribuer grandement. Mais cela relève aussi de la responsabilité de chacun. L'enjeu est décisif, car l'un des ennemis les plus redoutables des mouvements antisystémiques est *interne* et tient aux désastreux effets que provoquent des subjectivités modelées par l'individualisme de la société marchande, par les discriminations de genre ou les habitudes hiérarchisantes qui confortent les conceptions verticales de l'organisation. Les ego s'y révèlent plus doués pour les luttes de pouvoir que prédisposés à la coopération, plus portés par le plaisir de s'écouter parler que par l'attention à ce que les autres ont à dire, par la soif de satisfaire leur amour-propre en se donnant toujours raison que par le souci d'une patiente élaboration des démarches communes. Comment alors construire un monde du commun avec des subjectivités si conflictuelles et compétitives ? La question est fort sérieuse et pourrait inciter au plus sombre des pessimismes. C'est pourquoi l'effort pour engager dès maintenant la production de contre-subjectivités, capables de se détacher des modes d'être requis par la société de la concurrence, est un aspect rigoureusement *déterminant* pour l'ensemble du processus de transformation anticapitaliste, dans ses étapes présentes et à venir. Il est décisif d'expérimenter de nouvelles formes de relations humaines, s'écartant à la fois des modes de subjectivation fondés sur la mesure quantitative de soi et des attitudes d'imposition/obéissance qui ont partie liée avec les dérives substitutionnistes si fréquentes dans les mouvements antisystémiques. Cela suppose aussi de faire place à d'autres manières de vivre la temporalité, de s'exercer à l'échange dialogique et à l'apprentissage mutuel entre toutes les différences, de déjouer les pièges d'une séparation entre réflexion et action, d'apprendre à réunifier, dans le mouvement même de la lutte, tous les aspects de la vie. L'affrontement avec le capitalisme commence dans la coopération intersubjective, c'est-à-dire aussi au creux de l'intime, là où s'enclenchent les mécanismes de normalisation des conduites. Combattre le capitalisme, c'est d'abord lutter contre les normes de la société marchande en nous. C'est œuvrer à nous *décapitaliser*, à nous *défétichiser*. Une lutte au corps à corps, une lutte de soi contre soi, s'éprouvant dans la constitution interpersonnelle de la personne.

Enfin, pour éviter de s'enfermer dans l'autosatisfaction de la construction présente, il faut faire place au souci de l'imminence des avancées ultérieures. Il s'agit, au sein des espaces libérés, de *se préparer* afin de réagir avec la clarté de vue et la capacité imaginative requises lorsque adviendra l'un de ces moments où s'enclenchent la mise en résonance et la contagion des dynamiques d'insubordination, débouchant sur la possibilité d'effectuer un saut dans la non-collaboration systémique et la conquête de nouveaux espaces libérés. Se préparer suppose au minimum d'œuvrer à affiner nos outils d'analyse – ce qui est indispensable pour éviter de se laisser dévier vers de fausses solutions reconduisant vers les formes de domination dont il s'agit de se libérer –, de fortifier des contre-subjectivités sans lesquelles on ne voit guère comment amorcer la construction d'une réalité postcapitaliste et enfin, tout simplement, d'apprendre à *se connaître* pour faire croître la confiance et le respect, fort précieux pour inventer des manières de faire ensemble, de décider collectivement et de s'organiser sans rapports de domination/obéissance, mais non sans coordination ni proportionnalité.

Résister et construire, tout ensemble

L'idée d'une construction présente d'une autre réalité – que l'on parle d'espaces libérés, de brèches, de révolution interstitielle ou quelque autre expression que ce soit [6] – appelle

6 On se réfère tout particulièrement à John Holloway, *Crack Capitalism. 33 thèses contre le capital*, Libertalia, Paris, 2012.

au moins deux précisions. Il convient d'abord d'éviter le piège consistant à s'enfermer dans la mise en place, à l'abri des horreurs du monde environnant, d'îlots de vie commode (pour ceux qui en ont les moyens) ou de niches de survie (pour les autres). De telles expériences de détachement du monde existent et peuvent avoir leur vertu, en premier lieu comme symptôme des insatisfactions croissantes qu'engendre la société de la marchandise. Mais, sauf à perdre leur dimension anticapitaliste, les espaces libérés ne peuvent se contenter du souci de leur propre élaboration, sans voir que, tout autour d'eux, l'offensive de dépossession menée par le capitalisme bat son plein, arrachant territoires et ressources communes pour amplifier la culture de semences génétiquement modifiées, démanteler les formes d'agriculture paysanne, développer des techniques d'exploitation minière sans cesse plus destructrices, parsemer le globe de mégaprojets en matière d'énergie ou de transports, etc. Il serait absurde de prétendre gagner du terrain en construisant les prémices d'un autre monde, sans se soucier des avancées destructrices du vieux monde auquel on prétend échapper. Il n'y a donc pas moyen de se soustraire à l'exigence de résistance face à de tels assauts, comme face aux formes multiples de la guerre contre la subsistance que le capitalisme mène à l'échelle mondiale, en particulier contre les peuples indigènes. Cette résistance va du reste s'intensifiant, dans la pleine conscience qu'il ne s'agit pas seulement de défendre les lieux de vie menacés par tel ou tel projet, mais aussi et surtout de freiner la logique productiviste dont le système capitaliste a un besoin impérieux pour se reproduire mais qui, n'ayant d'autre nécessité que la seule expansion de la valeur et du profit, s'avère écologiquement intenable et humainement absurde.

On ne saurait donc choisir entre *construire* (une réalité neuve) et *lutter contre* (celle qui existe). Et ce serait un faux débat que d'opposer une attitude visant à affronter le capitalisme (pour résister à ses avancées et éventuellement le détruire) et une autre qui prétendrait ne se soucier que de faire naître, à côté de l'ancien, un monde autre. On voit bien ce que cette dernière rhétorique peut avoir de séduisant. Mais il est vain de penser qu'on puisse s'en tenir à une attitude qui affirmerait : retirons-nous du capitalisme ; ne cherchons pas à le détruire, mais seulement à construire, à côté de lui, le monde qui nous convient. Car nos espaces libérés sont des espaces de combat : ils ont dû être gagnés contre la pression permanente de la synthèse capitaliste et ils doivent constamment être défendus. Ils ne peuvent se maintenir et croître sans s'affronter aux contraintes qui les entourent et leur destin a partie liée avec les luttes menées ailleurs pour contenir les avancées de la déprédation marchande. L'option consistant à construire dès maintenant, sans attendre le grand Moment révolutionnaire, change la donne et constitue une rupture significative avec les conceptions longtemps dominantes de l'émancipation. Mais elle ne nous libère pas de la question de la conflictualité. On peut configurer diversement les trois pointes du triangle – résister, lutter contre, construire – mais on ne peut pas les dissocier.

La seconde observation tient au fait que nos espaces libérés ne sauraient l'être entièrement. John Holloway l'a souligné en toute clarté : nos brèches ne sont pas pures et elles souffrent de sévères limitations[7]. Elles sont attaquées de l'extérieur, par la répression ou toutes sortes d'entraves souvent plus insidieuses, mais aussi minées de l'intérieur, par les conflits qu'avive la reproduction des subjectivités propres à la société de la marchandise. Surtout, elles doivent se débattre contre le manque de moyens, sous diverses formes : manque d'argent pour répondre

7 *Ibid.*, thèse 9.

aux besoins, manque d'autoproduction, manque d'accès aux marchés pour les productions éventuelles, etc. Expressions de la force maintenue de la synthèse capitaliste, ces difficultés accentuent les tensions interpersonnelles, affaiblissent les conditions de coopération et peuvent conduire à l'épuisement des énergies, au découragement et à l'implosion des espaces libérés.

Car on bute ici sur une limite sérieuse. Nous pouvons nous soustraire à bien des addictions marchandes ; nous pouvons œuvrer à décapitaliser nos manières de penser et d'agir ; nous pouvons récupérer une partie oubliée de nos capacités de faire. Mais ne disparaît pas pour autant la *séparation* qui est à la racine du régime d'hétéronomie radicale instauré par le capitalisme et qui tient au fait que le contrôle des ressources et des principaux moyens de production de biens et de services se trouve dans leurs mains à EUX, et non dans les nôtres. C'est l'une des raisons pour lesquelles notre puissance de faire se heurte, dans un univers encore capitaliste, à de si sérieuses limites. Et c'est pourquoi nos espaces libérés, aussi importants soient-ils comme oxygène nous permettant de survivre dans les conditions présentes et comme bases d'appui pour d'autres avancées, sont très loin encore de ressembler à ce monde auquel nous aspirons, un monde enfin débarrassé du fléau de la synthèse capitaliste.

Faut-il donc reposer la question des moyens de production ? Et peut-on le faire de manière en partie renouvelée ? D'un côté, il est évident que les espaces libérés les plus amples sont ceux qui ont été en mesure de récupérer des capacités productives ou des territoires, incluant terres et ressources naturelles. Et ils n'ont pu le faire que sur la base d'une ample mobilisation collective organisée (par exemple à Cherán, au Mexique), voire dans la dynamique d'une situation insurrectionnelle (dans le cas des usines occupées en Argentine, à partir de 2001, ou lors de la guerre de l'eau en Bolivie, en 2000) ou grâce à l'onde de choc d'un soulèvement armé (dans le cas des zapatistes). Il n'est donc pas exagéré de considérer que, à partir d'un certain seuil, l'extension des espaces libérés passe par la réappropriation de capacités productives, de territoires et de biens communs, et suppose donc de disposer de la force collective nécessaire pour y parvenir.

On peut néanmoins tracer quelques différences nettes par rapport aux conceptions révolutionnaires dominantes du siècle passé, obnubilées par le moment du choc frontal (d'où aussi la centralité de l'État, comme instrument de la collectivisation des moyens de production par la réforme agraire et la nationalisation des industries). Nous sommes assez prévenus contre les effets de l'instrumentalité étatique et n'entendons plus tout miser sur une Révolution au futur. Il est indispensable de se mettre en chemin dès maintenant, d'autant que l'hétéronomie créée par la séparation entre producteurs et moyens de production n'est pas aussi absolue qu'il y paraît : la possibilité d'en opérer au moins partiellement le contournement, grâce à la récupération de notre puissance de faire, est la substance même de nos espaces libérés. Et rappelons aussi – on l'a vu au chapitre 3 – qu'il ne saurait être question de prendre possession de l'ensemble des moyens de production de biens et de services actuellement existants. La rupture avec le capitalisme suppose bien plutôt de les démanteler, c'est-à-dire d'en abandonner une part considérable et de réorienter vers des fins collectivement assumées ce qui peut l'être. L'enjeu est à la fois celui d'une *réappropriation* et celui d'un *abandon*, et ce dernier vaut doublement, comme destruction d'une machinerie de destruction et comme dissolution de la captation de notre puissance de faire par l'appareil productif. Il s'agit donc de nous réapproprier des ressources productives socialement pertinentes mais aussi et tout autant de libérer notre propre capacité de faire, actuellement subjuguée par les impératifs de la valorisation de la valeur. En bref, nous pouvons poser la question des moyens de production de manière partiellement transformée, mais nous ne pouvons certainement pas éviter de la poser [8].

Le contournement présent de l'hétéronomie capitaliste peut prendre plusieurs formes. La récupération de notre capacité d'autoproduction alimentaire diminue d'autant notre dépendance à l'égard du marché. Notre puissance de faire peut, sans se soucier des moyens de production dont nous sommes séparés, se déployer dans d'autres domaines, qu'il s'agisse de productions artisanales reposant sur un savoir-faire propre plus que sur une infrastructure lourde ou de l'offre de services pour lesquels la capacité personnelle peut parfois se suffire à elle-même [9]. Certes, de telles pratiques se heurtent à d'innombrables difficultés, du moins dès qu'elles s'écartent des formes admises au sein du système, mais elles n'en peuvent pas moins soutenir l'expansion des espaces libérés, bien avant de devoir s'affronter à la question de la récupération des ressources et des capacités productives actuellement intégrées à la machinerie de la valeur.

---

8 On pourrait donc distinguer trois segments dans l'ensemble des moyens de production : la part que nous détenons nous-mêmes (dans la mesure où nous prenons conscience de notre capacité de faire et la mettons en œuvre) ; celle qui n'existe qu'en raison de l'hypertrophie du productivisme capitaliste et doit donc être détruite ; celle qui peut aider à répondre à des besoins reconnus comme socialement pertinents et qu'il convient donc de se réapproprier (non sans en réorienter les objectifs et en transformer les modalités de fonctionnement).

9 On n'en déduira pas pour autant que, dans un capitalisme où la connaissance et la culture seraient devenues le cœur de la production, nous serions devenus nous-mêmes la pleine incarnation des forces productives. Comme on l'a mentionné dans le chapitre 1, une telle analyse (voir par exemple Yann Moulier Boutang, *Le Capitalisme cognitif*, *op. cit.*) repose sur une profonde exagération du rôle du travail immatériel et cognitif et sur une évacuation des réalités les plus massives du travail salarié à l'échelle mondiale.

On l'a dit : nos espaces libérés ne peuvent se contenter de ce qu'ils sont. Le désir d'une vie véritablement débarrassée des fétiches capitalistes ne peut que faire apparaître leurs insuffisances et pousser à intensifier les efforts pour les étendre, les approfondir et faire en sorte qu'ils s'associent avec d'autres espaces également libérés. Il faut alors mettre en jeu une plus ample capacité d'action collective, sans que cela suppose d'en passer par la centralité d'une organisation pérenne et unifiée. On peut plutôt privilégier la mise en réseau – en résonance – des collectifs, ainsi que la convergence circonstanciée des groupes et des individus en vue de luttes précises (par exemple pour bloquer un mégaprojet, s'opposer aux OGM, défendre un territoire ou s'approprier tel espace urbain ou rural). Il s'agit, sous toutes les formes imaginables, d'œuvrer à favoriser l'« irruption autonome de ceux d'en bas [10] », d'inventer les pratiques qui peuvent contribuer à la libération des insatisfactions et des colères contenues, à leur propagation, à leur cristallisation et à leur concertation dans l'action. Car il est des moments où une telle irruption, longtemps espérée mais toujours inattendue, vient soudain rompre l'apparente soumission à l'état de choses existant, tandis que s'accélèrent la contagion des dignes colères et la convergence des refus d'accepter l'inacceptable. S'engage alors un processus, généralement très rapide, d'autoconscientisation et d'intensification des capacités coopératives, qui balaie la pesanteur des conformismes et ouvre des possibles qui, quelques jours auparavant, demeuraient encore insoupçonnés. Ce processus peut prendre des formes bien expérimentées, comme la grève générale ou l'occupation massive et continue des rues et lieux publics stratégiques, ou chercher d'autres

10 Sergio Rodríguez Lascano, *La crisis del poder y nosotr@s*, Rebeldía, Mexico, 2010.

modalités, par exemple une déclaration d'urgence nationale, ou internationale, aboutissant à suspendre le cours de toutes les activités habituelles – et pas seulement celles du travail – afin d'engager l'émergence collective d'une autre forme de vie.

C'est dans de telles circonstances que, parfois, les espaces libérés peuvent se risquer à la réappropriation des ressources. Mais, quelles que soient les formes, impossibles à prédéfinir, que puissent prendre de tels processus, on ne peut ignorer la dimension conflictuelle qu'ils impliquent. Il est douteux que les dominants renoncent à leurs privilèges sans combattre et l'affrontement paraît donc difficilement évitable, sauf à supposer – ce qui serait éminemment souhaitable – qu'ils ne trouvent plus de mercenaires pour les défendre, ou que leur monde ait atteint un tel degré de décomposition qu'ils n'aient plus les moyens de le soutenir. Un tel moment de vérité devrait se jouer lorsque le processus de migration d'un monde à l'autre en arrivera au moment de démonter l'appareil d'État et sa capacité répressive, de démanteler un appareil productif rendu largement caduc par l'élimination de la logique folle de l'accumulation et du profit.

Il y a donc quelque raison de dépasser l'opposition entre deux scénarios supposément incompatibles. Dès lors qu'on les combine, le sens de chacun d'eux se trouve modifié. L'activation permanente d'un devenir révolutionnaire appuyé sur la constitution présente d'espaces libérés suffit à ruiner la mystique attentiste du Grand Événement, expression temporelle concentrée de la centralité étatique. En même temps, les insuffisances de ces espaces libérés et les limites sur lesquelles ils butent conduisent à ne pas s'enfermer dans la seule temporalité de l'immédiat et à préparer l'irruption d'un déploiement accru de la capacité d'action collective, animé de l'espérance de se débarrasser entièrement de la barbarie capitaliste. Tout commence ici et maintenant, par l'élaboration d'espaces libérés, aussi infimes soient-ils, aussi intimes soient-ils, alors même que nous sommes encore immergés, de tant de manières, dans ce monde que nous refusons. Mais, dans la mesure où nos espaces libérés parviennent à croître, à entrer en résonance les uns avec les autres, à contribuer au déclenchement d'autres démarches convergentes, la violence des réactions des maîtres de la valeur et de leurs laquais a toutes chances de s'intensifier. Quel que soit le degré de conflictualité de ce processus, on ne peut écarter la perspective d'une période de basculement, plus ou moins étendue dans le temps, au cours de laquelle la dilution définitive de la synthèse capitaliste donnera une portée inédite et en partie insoupçonnable y compris aux plus notables des espaces déjà libérés auparavant [11].

Compter avec d'autres forces que les nôtres

Nous sommes en chemin. Nous avons entrepris de nous *décapitaliser*, malgré la force de la logique de la marchandise qui a l'art d'absorber et de recycler jusqu'aux démarches apparemment les plus antisystémiques. Pourtant, la force de notre action et de notre détermination n'y suffirait pas, si celles-ci devaient s'affronter à une domination capitaliste en pleine santé, déployant la lugubre splendeur de sa dynamique historique et capable d'instiller dans le corps social la ferme

11 Comme dans les transitions systémiques antérieures, on ne saurait négliger ni l'importance cruciale de cette *période* (plus ou moins longue) de basculement et de complète reconfiguration, ni les phénomènes qui inscrivent la transition dans une durée plus ample (émergence et préfiguration partielle du nouveau monde au sein de l'ancien, d'une part, et, de l'autre, survivance partielle de certains traits de l'ancien au sein du nouveau).

conviction de sa légitimité. Mais telle n'est pas la situation aujourd'hui. La construction des espaces libérés et le déploiement continu du devenir révolutionnaire doivent donc être combinés à la prise en compte des dysfonctionnements affectant les rouages fondamentaux du capitalisme.

Qualifier la période actuelle de crise terminale du capitalisme pourrait simplifier notre tâche, en attribuant à l'ennemi une faiblesse irrémédiable (encore que, de sa fin annoncée, pourrait surgir aussi bien une société émancipée qu'une barbarie plus grande encore). Mais, comme on l'a dit déjà, il paraît imprudent d'assumer une hypothèse qui suppose la prédétermination d'un futur inéluctable et risque de sous-estimer, une fois de plus, la capacité d'adaptation et de métamorphose du capitalisme. En revanche, il est possible de soutenir que la crise ouverte en 2007-2008 témoigne des obstacles croissants auxquels se heurte la reproduction du capitalisme, et notamment de sa difficulté à créer une quantité de valeur et de profit qui puisse répondre à la croissance exponentielle des capitaux en quête de valorisation. Ainsi le recours massif à l'endettement, privé et public, est-il le moyen de surmonter la contradiction entre la pression sur les salaires et le besoin de soutenir la consommation, de même que celle qui tient, d'un côté, à la restriction du périmètre de l'État et, de l'autre, à la nécessité de ses interventions, toutes deux caractéristiques du cycle néolibéral ; mais il est aussi la cause immédiate de la crise en cours. Plus profondément, la recherche d'une rentabilité accrue, dans un contexte de concurrence mondiale, pousse à une substitution du travail humain par des systèmes automatisés, qui réduit d'autant la création de valeur et intensifie la contradiction « entre la nécessité et la non-nécessité du travail [12] ».

---

12 Anselm Jappe, *Crédit à mort*, *op. cit.* et Moishe Postone, *Temps, travail et domination sociale*, *op. cit.*, p. 541 : le travail que les hommes réalisent

On ne dira donc pas que le capitalisme bute nécessairement sur une limite absolue (celle que devrait rencontrer, dit-on, un système fondé sur une logique de croissance illimitée se déployant dans un monde fini [13]). Mais on suggérera que les obstacles à la reproduction du système (dans son noyau central, qui est l'expansion de la valeur) ne peuvent être surmontés que grâce à des « solutions » qui créent, à leur tour, des difficultés plus grandes encore (parmi lesquelles celles qui découlent de la détérioration de la biosphère ne sont pas les moindres). Un tel diagnostic nous suffit car il permet d'inscrire la construction de nos espaces libérés dans un processus général d'épuisement progressif des conditions de reproduction du système capitaliste. Il n'est alors pas exclu d'envisager – et d'espérer – que les deux phénomènes évoqués puissent s'entrelacer et se renforcer mutuellement, que la multiplication de nos espaces libérés contribue à aviver les contradictions systémiques et qu'en même temps celles-ci ouvrent de nouvelles opportunités pour les espaces que nous construisons.

Il y a un autre facteur encore, sans doute décisif : l'écocide accéléré que provoque l'expansion du productivisme aveugle du capitalisme. Point n'est besoin de rappeler la liste des ravages, depuis les effets de la dissémination des OGM jusqu'à la

---

sous l'effet de l'impératif de la valeur se maintient, tandis que son caractère superflu au regard des exigences de l'existence humaine apparaît de manière toujours plus évidente.

13 La formule fait mouche. Mais, sans nier certaines limites objectives (les réserves finies d'énergies fossiles, par exemple), c'est peut-être négliger la capacité de métamorphose du capitalisme, et notamment l'intensité de l'innovation technologique qui peut, jusqu'à un certain point, déplacer les axes de croissance, de sorte que ce qui apparaissait un temps comme une limite absolue peut ensuite cesser de l'être. Que ces nouvelles formes de croissance soient humainement insupportables et écologiquement dévastatrices est bien clair, mais cela ne signifie pas nécessairement qu'elles soient *impossibles* (du point de vue du capital).

contamination de l'air, des sols, des nappes phréatiques, des cours d'eau et des océans par les déchets toxiques déversés par les industries et par l'extraction minière, en passant par la déforestation et la surexploitation de bien d'autres ressources. Mais il reste à prendre pleinement conscience de ce que le réchauffement global est sur le point de provoquer. En effet, celui-ci ne peut plus être maintenu dans les limites (supposées raisonnables) d'une augmentation moyenne de 2 degrés et il est engagé sur une trajectoire qui mène vers au moins 4 degrés supplémentaires [14]. Cela signifie une élévation du niveau moyen des océans d'un ou deux mètres, des millions de déplacés climatiques, des vagues de chaleur et des sécheresses dramatiques, des pluies torrentielles et des cyclones de plus en plus violents, des destructions répétées des récoltes, de gigantesques glissements de terrain avec leur lot de villages engloutis, la disparition d'un tiers des espèces animales et végétales, l'acidification des océans et la dissolution des coraux, la disparition de la forêt amazonienne et de bien d'autres écosystèmes dont dépend la vie de peuples entiers, la réduction des terres arables, l'apparition de nouveaux insectes nuisibles attaquant les cultures, l'expansion de maladies tropicales vers des populations sans défenses immunitaires, l'augmentation des inégalités et des tensions sociales, le manque d'eau et l'intensification des conflits pour le contrôle de celle-ci, la captation de plus en plus démesurée de terres cultivables par des pays comme la Chine ou la Corée, etc. Encore ce panorama ne constitue-t-il qu'un scénario plutôt modéré, dès lors que les phénomènes de rétroaction, d'enchaînement et d'accélération non linéaire des effets font du changement climatique un processus extrêmement complexe et en partie

---

14 Rapport de la Banque mondiale, *Turn Down the Heat. Why a 4°C Warmer World Must be Avoided*, World Bank, novembre 2012.

imprévisible. Tout cela, joint à l'incapacité des instances internationales à promouvoir des mesures même modérées, pourrait conduire à des effondrements écosystémiques en chaîne, à un réchauffement de l'ordre de 8 ou 9 degrés (du moins à l'horizon du prochain siècle), une disparition complète des glaces polaires, une élévation du niveau océanique moyen de l'ordre de quinze mètres, une interruption des courants marins jouant un rôle essentiel dans la régulation thermique de la planète, etc.

Se pourrait-il qu'un niveau si élevé de destruction du milieu de vie, sans parler des atteintes contre la santé humaine qui se multiplient en même temps que les substances toxiques cachées sous les apparences séduisantes des marchandises, demeure sans provoquer de réactions ? Ce que ces manifestations du productivisme capitaliste ont déjà commencé à provoquer, à une échelle sans cesse croissante, c'est une réaction de la Terre Mère elle-même [15]. Aux agressions humaines, elle répond et répondra avec colère et violence, confrontant les humains à des fléaux d'une intensité accrue et, pour certains, d'une nature inédite. Serait-il possible que les humains, confrontés à cette rébellion de la Terre Mère, restent entièrement insensibles et ne commencent à s'interroger ? Qu'ils ne perçoivent que quelque chose doit être changé ? Qu'ils n'en viennent à douter des mérites du capitalisme et à saisir dans le désastre ambiant l'évidence de sa délégitimation ? Certes, il est indispensable de souligner que le fait d'être confronté à une telle situation, aussi dramatique soit-elle, ne saurait conduire à identifier automatiquement dans le

15 Isabelle Stengers évoque l'« intrusion de Gaïa » comme force implacable qui oblige à reformuler tous les paramètres de la pensée de l'émancipation et à développer de manière urgente des pratiques et des formes d'organisation neuves (*Au temps des catastrophes. Résister à la barbarie qui vient*, La Découverte, Paris, 2009).

productivisme capitaliste la cause principale de tant de maux. C'est pourquoi un terrain de lutte décisif peut être situé en ce point précis. Il est clair que les institutions et les moyens de communication s'efforcent et s'efforceront de minimiser les faits, tant que cela sera possible, mais aussi et surtout de les envelopper dans des stratégies de naturalisation, de banalisation fataliste et de fragmentation présentiste (afin d'éviter que ce qui s'annonce ne donne son intensité de sens à ce qui est déjà), non sans les associer à des perspectives de contention technologique ou en faire la justification de formes de contrôle accrues des populations. Face à cela, il nous revient de faire comprendre que la colère de la Terre Mère est le résultat direct de la logique capitaliste de la production-pour-la-production et d'un modèle de civilisation fondé sur la domination et l'instrumentalisation de la nature. À condition (ce qui est loin d'être acquis) de parvenir à déjouer la force des anesthésiants officiels, il se pourrait que l'instinct de survie de l'humanité, affectée dans ses conditions de vie sinon dans la possibilité même de son existence, devienne un allié puissant dans la lutte anticapitaliste et dans notre cheminement vers un monde non capitaliste.

Finalement, notre opportunité pourrait tenir à la confluence de trois phénomènes susceptibles de se combiner et se renforcer mutuellement : a) notre capacité à défendre et étendre des espaces partiellement libérés, préfigurant des subjectivités et des relations intersubjectives non capitalistes ; b) l'intensification de la crise structurelle du capitalisme et ses difficultés croissantes à surmonter les obstacles et les contradictions qu'engendre sa propre reproduction ; c) et, enfin, l'insurrection de la Terre Mère qui crie le caractère insoutenable du productivisme compulsif et mortifère du capitalisme.

Nous sommes en chemin. Nous commençons à construire une autre réalité, sans perdre de vue la lutte contre les avancées de la marchandisation et sans oublier que tout nouveau territoire libéré se gagne et s'étend par une résistance constante à la pression environnante. Engager *dès maintenant* la multiplication des expériences, à toutes les échelles envisageables, ne suppose nullement d'écarter tout souci d'une temporalité à venir, et moins encore de négliger les efforts de préparation auxquels elle engage. Il s'agit de réconcilier la construction au présent, la préparation de l'imminent et l'anticipation des points de rupture systémique qu'il serait déraisonnable de ne pas envisager.

Mais nous faisons aussi le pari qu'est à l'œuvre un processus qui nous dépasse. Celui-ci n'est pas une transition au sens d'un passage inéluctable sur la ligne bien balisée des étapes de l'histoire. Il n'y a en la matière aucune certitude, mais seulement une possibilité, qui verra peut-être le jour si une conjonction favorable s'établit entre nos efforts pour créer des espaces libérés et les tendances qui rendent sans cesse plus aiguës les difficultés de reproduction du système capitaliste. On peut, avec une certaine prudence, considérer comme un symptôme de cet épuisement la perte de consistance des catégories de la modernité, tels le credo du Progrès ou le grand partage entre Nature et Culture. Bien qu'elles continuent à être ressassées par les discours dominants, elles ont perdu leur ancienne assise et se fissurent de toutes parts. Dans un processus de transition, il est compréhensible que la critique de ces catégories assume le plus souvent des formes bornées par les horizons mêmes de la société marchande, en même temps qu'elles préfigurent partiellement la révolution anthropologique qu'implique le cheminement vers un monde postcapitaliste. Il est vrai aussi que certains développements technologiques récents, dans le domaine des énergies renouvelables ou en ce qui concerne la reproductibilité et la circulation (gratuite) des ressources numériques, peuvent constituer des apports précieux pour la future société du commun [16]. Toutefois, on n'adoptera pas pour autant un schéma historique qui situerait notre salut dans une trajectoire prolongeant les tendances à l'œuvre dans le capitalisme lui-même (ce qui conduit à une posture politique visant à accompagner et à encourager le plein déploiement de ces dynamiques) [17]. C'est là une vision trop confiante dans les potentialités positives d'un système dont la nature destructrice l'emporte de très loin. Et c'est reproduire, à bien des égards, une conception linéaire et en son fond moderniste de l'histoire, selon laquelle l'émancipation ne saurait être recherchée que vers l'*avant* de ce qui est à l'œuvre dans le capitalisme, dont il faudrait donc accompagner et amplifier les tendances innovantes pour parvenir à la nouvelle étape espérée. On admettra au contraire qu'il n'y a pas de transition assurée et que celle-ci ne peut se concevoir comme un classique dépassement, porté par la puissance libératrice de la cognition numérique. Elle devrait plutôt consister en un blocage de la dynamique destructrice du capitalisme et en une redistribution des temporalités, de sorte que l'inédit de l'émancipation cesse de tenir pour méprisable tout ce que la modernité avait rejeté dans un passé sans avenir.

16 André Gorz, *Écologica*, *op. cit.*

17 On se réfère ici aux travaux déjà cités de Michael Hardt et Antonio Negri. Cette posture est très explicitement revendiquée par Michael Hardt dans sa discussion avec John Holloway : « un projet politique qui affirme la valeur d'usage par-dessus la valeur d'échange est un effort nostalgique pour recapturer l'ordre social précapitaliste », alors qu'il s'agit, selon lui, de chercher à « traverser la société capitaliste pour en sortir par l'autre côté » (« Una polémica sobre concepciones y perspectivas acerca de la revolución. *Commonwealth* y *Agrietar el capitalismo*. Una lectura mutua », *Herramienta*, n° 49, mars 2012, <www.herramienta.com.ar/revista-impresa/revista-herramienta-n-49>).

Aucun mode de production n'a été détruit par la classe exploitée : ni l'esclavage par les esclaves, ni le féodalisme par les serfs ou autres dépendants. Le capitalisme ne peut pas davantage l'être par la classe ouvrière en tant que telle, quelle que soit l'importance de la lutte de tous les exploités, de tous les opprimés, dans un tel processus [18]. Historiquement, ce sont toujours des forces extérieures à l'antagonisme de classe principal qui ont été décisives dans la transition d'un système à un autre. Aujourd'hui, peut-être le soulèvement de la Terre Mère est-il cette force inédite, susceptible d'apporter une contribution majeure à la désagrégation de la société capitaliste, à la fin du règne de l'Économie, à l'écroulement de ce monde qui n'est plus le nôtre.

Certes, par elle-même et furieuse comme elle est, la Terre Mère ne peut sans doute détruire le capitalisme qu'en détruisant l'espèce humaine dans son ensemble. Il ne s'agit pas de s'en remettre mystiquement à une Entité personnifiée et par essence libératrice. Plus modestement, et en prenant en compte l'ensemble des facteurs analysés dans ce chapitre, notre espérance est qu'une partie enfin conséquente de l'humanité s'allie avec la Terre Mère afin de hâter le pas et d'en finir avec le capitalisme avant que celui-ci n'en finisse avec nous.

Peut-être est-ce seulement avec l'aide de la Terre Mère que nous pouvons parvenir à donner une force suffisante à nos efforts pour construire un monde nouveau. La lutte contre le

---

18 Moishe Postone a démontré à quel point il était théoriquement erroné d'attribuer au prolétariat le statut de sujet révolutionnaire (*Temps, travail et domination sociale*, *op. cit.*, notamment p. 521). Son analyse montre que la classe définie par le travail ne pouvait pas être l'agent d'un dépassement de la société du travail. De même, le socialisme, entendu comme la pleine réalisation du pouvoir du prolétariat comme classe, ne pouvait signifier autre chose que la perpétuation, sous des formes spécifiques, du capitalisme.

capitalisme est la lutte de tous les dépossédés, pour l'humanité tout entière. Elle ne peut être menée au nom d'une classe seule, ni même de la non-classe des exclus, mais seulement au nom de l'humanité et de sa réalisation effective, dans sa diversité constitutive [19]. C'est la lutte de la biocommunauté humaine et non humaine pour sa survie, pour la préservation de ses conditions de vie et pour l'allègre réalisation du bien vivre pour toutes et tous.

---

19 Que certains aient plus intérêt au dépassement du capitalisme que d'autres et qu'ils soient amenés à y prendre une part plus active, est bien clair. Mais cela ne doit pas conduire à restreindre à eux seuls les forces de l'émancipation. Celle-ci ne peut être menée qu'au nom de ce qu'elle permet d'accomplir, à savoir la pleine réalisation de l'humanité – à plus forte raison quand l'émancipation a si fortement partie liée avec la sauvegarde de la possibilité même de la vie, humaine et non humaine.

REMARQUES FINALES

Nous avons commencé à faire le monde dont nous rêvons. Nous sommes en chemin.

Notre NON au capitalisme est irrémédiable, notre NON à la machine folle de la production-pour-la-production, dont l'avancée engendre souffrances et injustices, écocide généralisé et dépossession de nos facultés de vie. Nous commençons à transformer nos actes et nos attitudes, nos manières d'être, de sentir-penser et de partager. Nous savons tout ce qui manque encore. Le chemin est long et il est probable que nous n'imaginons pas encore pleinement tout ce qu'ouvre notre NON au capitalisme. Le chemin est long, mais nous avons commencé à le tracer et à construire nos OUI. Nous cheminons, sans certitude, questionnant tout à chaque pas, animés par la conviction que d'autres mondes peuvent croître et par l'espérance qu'ils peuvent se substituer à la globalité capitaliste.

Expérimenter des modalités d'autogouvernement qui récusent la forme-État ; circonscrire des manières de produire débarrassées de la logique insensée et destructrice de l'expansion illimitée du capital ; laisser libre cours à des modes d'affirmation des subjectivités favorisant le foisonnement des multiplicités et le dialogisme interculturel. Ces trois domaines, explorés dans les chapitres de ce livre, dessinent les contours d'un anticapitalisme non étatique, non productiviste et non occidentocentré. Autant d'options qui s'écartent fortement des postures dominantes au sein des mouvements antisystémiques du XXe siècle. De fait, il s'agit de nous libérer du fétichisme de la marchandise, mais aussi, et dans le même temps, du fétichisme de l'État. Il y a là deux modalités étroitement liées d'une mystification des rapports sociaux, sous les dehors d'une entité investie d'une existence apparemment autonome, deux manifestations combinées d'un principe de séparation et d'une logique d'abstraction et d'uniformisation caractéristiques de l'univers capitaliste. Or le producteur-consommateur-citoyen ne veut plus ni de la dépossession de son activité ni de la dépossession de sa capacité de décision : il lui faut se libérer à la fois de l'asservissement aux injonctions de la production-consommation et de l'acceptation impuissante des mécanismes de contrôle établis par l'appareil étatique et par les corps d'experts, au nom de l'intérêt collectif supposé ou, plus souvent encore, de l'adaptation nécessaire aux contraintes systémiques.

C'est pourquoi l'autonomie, en tant que principe qui fait voler en éclats la verticalité étatique et la séparation instituée entre gouvernants et gouvernés, est aussi la forme d'organisation par laquelle les communautés humaines peuvent décider démocratiquement ce qu'il convient ou non de produire, en soumettant la production tenue pour pertinente aux options de vie collectivement assumées (et en laissant la part individuelle du faire à la liberté de chacun). En libérant l'humanité du fardeau d'une double abstraction – celle qui se situe au cœur de la marchandise et celle qu'incarne l'État en tant que mode de constitution totalisant de la collectivité –, le régime de l'autonomie restitue la possibilité d'une organisation des collectifs humains *à partir* de la prolifération de leur diversité concrète (et celle d'une constitution de l'humanité dans son ensemble *à partir* de sa multiplicité constitutive). Il suppose de penser et d'instaurer la coordination à partir de l'extension des différences, et non à partir de la réduction à l'Un.

L'abolition du capitalisme est abolition de la totalité et c'est au règne d'une triple abstraction qu'elle met fin : celle de la marchandise (dont la vérité, insouciante de la nature concrète et multiple des choses produites, tient tout entière dans une unique mesure, en temps de travail ou en argent), celle de l'État (et de l'ensemble des formes politiques fondées sur la représentation substitutive d'entités posées comme unifiées), celle enfin de l'Universel (comme construction abstraite de l'Homme, masquant une universalisation des valeurs particulières de l'Occident). Détruire la machine folle de la production-pour-la-production dont le moteur est l'auto-expansion de la valeur est ce qui, seul, peut libérer l'expansion des multiplicités, dans tous les registres de l'existence individuelle et collective. Il devient alors possible de rapporter les activités productives à la seule considération de l'usage concret des biens et de les délimiter en fonction des choix de *vie*, telle qu'elle veut être vécue. Il devient possible de mettre à l'épreuve une politique de l'autonomie, partant des capacités et des dignités singulières et expérimentant des « formes non totalisantes de coordination [1] ». Il devient possible de libérer l'expansivité créative des subjectivités et de démultiplier les capacités de faire et d'éprouver. Il devient possible d'expérimenter un monde où il y ait place pour de nombreux mondes. Un monde de différences capables de se proportionner les unes par rapport aux autres, de s'enrichir de leurs convergences comme de leurs divergences. Un monde de

1 Moishe Postone, *Temps, travail et domination sociale*, *op. cit.*, p. 125.

lieux particularisés et de mémoires hétérogènes. Un monde fait de multiples manières de concevoir et de mettre en pratique le bien vivre.

Un anticapitalisme non étatique, non productiviste, non ethnocentrique et, bien sûr, non patriarcal est un anticapitalisme de la démocratie radicale d'autogouvernement, du bien vivre pour tous et de l'expansion multiforme et proportionnée des subjectivités. Le chemin s'éloigne grandement des vieilles recettes révolutionnaires dont les expériences du XXe siècle ont montré l'échec si tragique que celui-ci a paru, un temps, sur le point d'enterrer toute perspective de transformation sociale radicale. Mais il peut se connecter avec les sentiers plus souterrains des peuples qui ont su résister à la force destructrice de la colonisation et du capitalisme et maintenir des formes de vie en partie préservées de ses fétichismes. Les possibles qu'on esquisse ici font resurgir les espoirs émancipateurs de multiples passés, mais ils indiquent des chemins inédits, à la recherche d'expériences encore inimaginables dans leurs potentialités de créativité et de vie digne pour les humains et les non-humains.

Aucun chemin n'est tracé et jamais il n'existera UN chemin. *Pourtant, il est grand temps de hâter le pas. De nous préparer à l'imprévisible.*

Déjà, nos dignités retrouvent la puissance nécessaire pour secouer les formes d'humiliation et de dépossession que la société de la marchandise instille dans nos manières d'être.

Aiguillonné par la délégitimation croissante du système capitaliste et l'évidence de sa folie humanicide et écocide, notre sens du futur se ranime. Digne rage face aux insultes du présent et ardente impatience d'expérimenter une autre existence personnelle et collective s'entrelacent et se fortifient mutuellement.

Nous savons qu'un monde libéré de la double tyrannie de la marchandise et de l'État, de l'argent et du travail spécialisé, est possible, nécessaire et urgent. Un monde où la production de biens et services serait soumise aux choix collectivement assumés, dans le respect de la part non humaine de la biocommunauté et de manière à permettre à tous les humains de jouir également du bien vivre. Un monde où femmes, hommes et transgenres, égaux dans leurs différences, seraient libres d'assumer leurs postures de genre de manières multiples et fluides. Une société du faire réconcilié et de la détente temporelle. Une société de l'enfance et de l'intensification des plaisirs et des joies. Un monde fait de nombreux mondes.

Rien n'est écrit, mais du moins savons-nous à quoi nous en tenir : le capitalisme ou la vie !

ANNEXE

Éléments pour une estimation du temps d'activité socialement nécessaire dans une société postcapitaliste

Les hypothèses formulées dans le chapitre 3 appellent quelques précisions. On a en effet avancé que, dans la société postcapitaliste décrite ici, l'essentiel de la production d'aliments et de biens manufacturés, ainsi que les services de base requis par la collectivité pourraient être assurés grâce à une activité également répartie entre tous ses membres et demeurant inférieure à 12 ou 16 heures par semaine (à quoi s'ajouteraient entre 10 et 12 heures vouées aux tâches d'organisation de la vie collective, dont on ne traite pas dans cette annexe). L'ordre de grandeur de ce calcul importe plus que son éventuelle précision, d'autant qu'il dépend de choix collectifs dont on ne saurait préjuger. Il convient néanmoins de préciser de quelle manière il a été établi.

1 Environ la moitié de la force de travail actuellement mobilisée se consacre à des tâches dont on peut admettre qu'elles seront reconnues comme dangereuses et inutiles. La population active mondiale se répartit aujourd'hui entre les secteurs primaire (33,5 %), secondaire (22,5 %) et tertiaire (44 %) [1]. De la population

1 Organisation internationale du Travail (OIT), données de 2012 (<www.ilo.org/global/research/global-reports/global-employment-trends/2013/WCMS_202326/lang fr/index.htm>).

active du secteur tertiaire, on peut estimer que seuls 5 à 8 % correspondent à des activités qui seront considérées comme pertinentes dans la société postcapitaliste et échapperaient donc aux coupes dont on a esquissé la liste au chapitre 3 : essentiellement les réseaux de soins et de santé publique, un réseau de distribution ramené à des proportions modestes, ainsi que la part des transports organisée collectivement. De la population active du secteur secondaire, on peut estimer qu'un peu plus la moitié est employée dans des productions vouées à être éliminées. Il résulte de ces deux indications qu'au moins la moitié de la population active est actuellement employée à produire des biens et des services qui disparaîtront de l'horizon de la société postcapitaliste. Sur la seule base de cette première estimation (et sans minimiser l'ensemble des transformations radicales qui conduirait à formuler l'équation dans des termes tout autres), il est envisageable de produire l'ensemble des biens et services jugés socialement nécessaires, tout en réduisant le temps de travail de moitié.

2 Le cas du secteur primaire est plus délicat à évaluer. Le premier point à prendre en compte est le fait que la production globale actuelle est quantitativement suffisante pour assurer l'alimentation de l'ensemble de la population mondiale. La disponibilité alimentaire mondiale est de 2 790 calories par jour et par personne (données de 2001-2003), ce qui pourrait être suffisant [2]. La sous-alimentation qui affecte aujourd'hui un milliard d'individus pourrait être éradiquée par une réorganisation de la production, notamment avec une réorientation vers la multiplicité des cultures vivrières et par un rééquilibrage du stock calorique, fort mal distribué (3 490 calories par jour et par personne dans les pays

2 Organisation des Nations unies pour l'alimentation et l'agriculture (FAO), *La Situation mondiale de l'alimentation et de l'agriculture*, rapport 2009 et surtout, pour la question développée ici, rapport 2006 (<www.fao.org/docrep/009/a0800f/a0800f00.htm>).

développés, contre 2 254 en Afrique subsaharienne). Quant à la malnutrition (carences en vitamines et minéraux) et à son envers, l'obésité et le surpoids (provoqués essentiellement par la diffusion des habitudes alimentaires promues par le secteur agroalimentaire et la grande distribution), qui affectent chacune un milliard d'individus, ils pourraient être résorbés, sans augmentation quantitative globale, par une réorientation vers une agriculture paysanne développant des pratiques agro-écologiques. Si l'agriculture industrielle actuelle fait valoir de manière tronquée sa supériorité, notamment en termes de productivité par hectare, une évaluation plus globale, incluant l'ensemble des coûts directs et indirects (notamment écologiques), invite à faire pencher la balance de l'efficacité du côté de l'agriculture paysanne. De fait, l'agriculture industrialisée est entraînée dans un cercle vicieux, marqué notamment par l'épuisement et la salinisation des sols, la multiplication des insectes résistant aux pesticides, la hausse des pathologies du bétail ; en outre, elle provoque une baisse du pouvoir nutritif des produits, notamment des fruits et légumes à croissance rapide [3]. Enfin, il faut indiquer que les surfaces agricoles consacrées à des cultures non alimentaires (agrocarburants notamment) doivent être restituées à leur vocation initiale, ce qui offre une marge de manœuvre importante pour assurer à l'ensemble de l'humanité une alimentation quantitativement et qualitativement satisfaisante. On dispose également de deux autres leviers importants pour atteindre et maintenir cet impératif élémentaire : d'une part, une limitation de l'élevage, particulièrement glouton en énergie et en surfaces (40 % des grains actuellement produits sont destinés à l'alimentation animale) et écologiquement dangereux (importantes émissions de gaz à effet de serre) ; d'autre part, une élimination du gâchis alimentaire

3 Pour une analyse d'ensemble de l'opposition entre agriculture industrielle et agriculture paysanne, voir Silvia PÉREZ-VITORIA, *Les Paysans sont de retour*, Actes Sud, Arles, 2005.

(évalué à 30 % au moins dans le système alimentaire industriel mondial, et à 100 milliards de dollars par an uniquement aux États-Unis [4]).

Quant à la population paysanne, pourra-t-elle diminuer ou se maintiendra-t-elle à son niveau actuel ? Celui-ci est en fait très inégal. Dans les pays développés (où la population active dans le secteur primaire oscille entre 1 et 4 %), le passage d'une agriculture industrialisée à une agriculture paysanne soucieuse de qualité et écologiquement responsable pourra entraîner une augmentation du temps socialement nécessaire à la production des biens alimentaires. Dans de nombreuses autres régions du monde, une diminution de la charge globale de travail agricole sera sans doute possible et souhaitable (à condition d'être librement choisie). Ajoutons enfin que cette diminution prend tout son sens si l'on tient compte de la logique d'autoproduction caractéristique de la société postcapitaliste. L'autoproduction de biens alimentaires, qui concerne aujourd'hui encore une portion notable de la population urbaine (on estime à 800 millions le nombre des habitants des villes du Sud qui produisent une part de leur alimentation [5]), pourrait être généralisée et permettre à tout un chacun, dans les villes désurbanisées du monde postcapitaliste, d'élever quelques volailles, de produire fruits et légumes, et même certaines céréales, de manière à couvrir une part des besoins propres.

3 La population active est actuellement légèrement supérieure à 3 milliards de personnes, chiffre qui inclut un nombre de chômeurs auquel la crise a fait franchir la barre des 200 millions [6]. Mais, dans une société postcapitaliste, le nombre de personnes actives ne serait plus limité par les règles d'accès au marché du

---

4 Groupe ETC, *Qui nous nourrira ?*, Communiqué 102, novembre 2009 (<http://www.etcgroup.org/fr/content/qui-nous-nourrira>).

5 Mentionné dans Grupe ETC, *ibid.*

6 OIT, rapport 2009.

travail et les tâches socialement nécessaires seraient réparties de manière équitable entre toutes les personnes susceptibles d'y contribuer (tout en assurant à ceux qui seraient dans l'impossibilité d'y apporter leur concours les mêmes conditions de vie dignes qu'à tous les autres). Outre les 200 millions de chômeurs, il convient donc d'ajouter, à la population contribuant aux tâches de production de biens et de services, 1,1 milliard de personnes en âge de travailler mais ne participant pas actuellement au marché du travail [7]. Le nombre de personnes entre lesquelles il convient de répartir les tâches socialement nécessaires s'en trouverait donc augmenté de près de 50 %.

Encore pourrait-on ajouter, mais on ne prend pas cet élément en compte ici, qu'il serait tout à fait possible de faire participer les enfants, à partir de 12 ans environ, à certaines tâches productives simples et n'exigeant pas un effort physique inapproprié. Dénuée de tout caractère intensif et conçue de manière à la fois ludique, formatrice et dans le plus complet respect des besoins et des possibilités propres à chaque âge, une telle pratique n'aurait évidemment rien de commun avec le détestable travail surexploité et pathogène dont souffrent aujourd'hui des centaines de millions d'enfants : ce serait bien plutôt un espace concret d'apprentissage et une manière de responsabilisation à travers la participation active aux espaces de construction du faire collectif. Par ailleurs, l'activité cessant d'être un travail contraint et harassant dont chacun ne songe qu'à se débarrasser, pourra également être posée la question du maintien d'une contribution aux tâches collectives des personnes « d'un certain âge » (*de edad*, dit-on judicieusement en espagnol), à condition qu'elle reste volontaire et s'exerce dans des domaines compatibles avec leur condition physique, ce qui aurait le grand avantage de permettre de tirer parti de leur expérience et de

7 Le ratio population active/population en âge de travailler s'établit globalement à 65 % en 2008 (OIT, rapport 2009).

maintenir une intégration sociale durable. Toutefois, les deux questions soulevées à l'instant pouvant susciter des réticences, elles appellent une discussion collective. On s'abstient donc de les prendre en compte dans le calcul proposé ici.

4 La hausse de la population mondiale, qui ne saurait être endiguée à brève échéance, est un paramètre important, mais elle ne modifie pas sensiblement les proportions avancées ici.

5 Une possible hausse généralisée de la productivité (dont certains pensent, comme on l'a mentionné au chapitre 1, qu'elle pourrait permettre, d'ici peu, d'accomplir l'ensemble de la production de biens et de services avec seulement un cinquième de la population active actuelle) n'a pas été prise en compte ici. Il est probable qu'elle soit liée à des formes d'intensification et de rationalisation productiviste du travail qui n'auront pas leur place dans une société postcapitaliste. Le souci de conditions d'activité optimales (du point de vue de la sécurité, de la convivialité, comme de la coparticipation aux choix organisationnels), joint aux effets de la dé-spécialisation, aura plutôt tendance à freiner les gains de productivité. Toutefois, même s'il ne s'agira plus du critère primordial, il n'est pas exclu que l'essor de technologies avancées et adaptées, humainement et écologiquement compatibles, puisse aider à réduire le temps d'activité socialement nécessaire pour certaines productions. Cela pourrait constituer un « réservoir » supplémentaire pour restreindre encore le temps collectivement voué à la production de biens et de services.

6 C'est donc sur la base du point 1 (la moitié de la population active actuelle sera « libérée » par la suppression d'une multitude de tâches jugées inutiles) et du point 3 (augmentation – à population constante – de 50 % du nombre de personnes disponibles pour accomplir les tâches socialement nécessaires) que l'on aboutit au calcul retenu ici, soit environ 16 heures d'activités socialement nécessaires par personne et par semaine (le temps de travail par personne nécessaire pour produire les biens et services effectivement maintenus doit être divisé par deux, pour tenir compte du point 1, puis multiplié par 2/3, pour tenir compte du point 3 : le résultat serait de l'ordre de 14 heures, mais on opte pour un calcul prudent en raison d'une probable logique tendant à défaire peu à peu la rigueur des contraintes horaires). Plusieurs pistes suggérées précédemment mais non prises en compte ici pourraient faire baisser l'estimation aux alentours de 12 heures par semaine. C'est le cas notamment si l'on admet un élargissement plus poussé encore de la part de la population contribuant aux tâches collectives. De plus, il est fort possible qu'une répartition équitable des charges de la production alimentaire puisse être obtenue en mobilisant une part de la population moindre que celle qui a été suggérée ici, surtout si on tient compte de l'augmentation globale de la population mondiale et de la polyactivité actuellement caractéristique du monde paysan, du moins au Sud (en effet, les calculs présentés ici supposent, par rapport à la situation actuelle, de multiplier par deux et demi le nombre de personnes engagées dans les tâches de production alimentaire, soit 2,5 milliards de personnes ; or, compte tenu des facteurs évoqués précédemment, il semble possible d'assurer la production alimentaire nécessaire à l'humanité par un engagement sensiblement moindre, ce qui suffirait à ramener le temps hebdomadaire consacré aux tâches de production de biens et de services à 10 ou 12 heures).

BIBLIOGRAPHIE

ABENSOUR Miguel, *La Démocratie contre l'État. Marx et le moment machiavélien*, Le Félin, Paris, 2004.
–, *Pour une philosophie politique critique*, Sens & Tonka, Paris, 2009.
–, *L'homme est un animal utopique*, Sens & Tonka, Paris, 2013.

BASCHET Jérôme, *La Rébellion zapatiste. Insurrection indienne et résistance planétaire*, Champs-Flammarion, Paris, 2005.

BOLTANSKI Luc, *Rendre la réalité inacceptable. À propos de « La production de l'idéologie dominante »*, Démopolis-Raisons d'Agir, Paris, 2008.
–, *De la critique. Précis de sociologie de l'émancipation*, Gallimard, Paris, 2009.

CHESNAIS François, *La Mondialisation du capital*, Syros, Paris, 2e édition, 1994.
–, *Les Dettes illégitimes. Quand les banques font main basse sur les politiques publiques*, Raisons d'Agir, Paris, 2011.
–, « Aux racines de la crise économique mondiale », *Carré rouge*, 46, décembre 2011, <www.carre-rouge.org/spip.php?article450>.

DARDOT Pierre et LAVAL Christian, *La Nouvelle Raison du monde. Essai sur la société néolibérale*, La Découverte, Paris, 2009.

DESCOLA Philippe, *Par-delà nature et culture*, Gallimard, Paris, 2005.

ESTEVA Gustavo, « Otra mirada, otra democracia », intervention au Festival mondial de la Digne Rage, San Cristóbal de Las Casas, janvier 2009.
–, « La crisis como esperanza », *Bajo el Volcán,* 2009, n° 14, p. 17-53.

FLAHAUT François, *Le Paradoxe de Robinson. Capitalisme et société,* Mille et une nuits, Paris, 2005.

FORNET-BETANCOURT Raúl, *La Philosophie interculturelle. Penser autrement le monde,* Éditions de l'Atelier, Paris, 2011.

GRAEBER David, *Pour une anthropologie anarchiste,* Lux, Montréal, 2006.
–, « La démocratie des interstices. Que reste-t-il de l'idéal démocratique ? », *Revue du MAUSS,* n° 26, 2005, p. 41-88.

GORZ André, « La personne devient une entreprise. Note sur le travail de production de soi », 2001 (<http://ecorev.org/spip.php?article382>).
–, « La sortie du capitalisme a déjà commencé », repris dans *Écologica,* Galilée, Paris, 2008.

GUATTARI Félix, *Les Trois Écologies,* Galilée, Paris, 1989.
– et ROLNIK Suely, *Micropolitiques,* Les Empêcheurs de Penser en Rond, Paris, 2007.

HARDT Michael et NEGRI Antonio, *Empire,* Exils, Paris, 2000.
–, *Déclaration. Ceci n'est pas un manifeste,* Raisons d'Agir, Paris, 2013.

HARVEY David, *Géographie de la domination,* Les Prairies Ordinaires, Paris, 2008.
–, *Le Nouvel Impérialisme,* Les Prairies Ordinaires, Paris, 2010.

HOLLOWAY John, *Changer le monde sans prendre le pouvoir. Le sens de la révolution aujourd'hui,* Syllepses-Lux, Paris-Montréal, 2007 (édition espagnole Buenos Aires-Puebla, 2002).
–, *Contra y mas allá del capital. Reflexiones a partir del debate sobre el libro « Cambiar el mundo sin tomar el poder »,* Herramienta-Universidad Autónoma de Puebla, Buenos Aires-Puebla, 2006.
–, *Crack Capitalism. 33 thèses contre le capital,* Libertalia, Paris, 2012.

ILLICH Ivan, *Œuvres complètes*, 2 vol., Fayard, Paris, 2004-2005.
–, « La sagesse de Leopold Kohr », repris dans *La Perte des sens*, Paris, Fayard, 2004.

JAMESON Frederic, *Archéologies du futur. Le désir nommé utopie*, Max Milo, Paris, 2007.

JAPPE Anselm, *Les Aventures de la marchandise. Pour une nouvelle critique de la valeur*, Denoël, Paris, 2003.
–, *Crédit à mort. La décomposition du capitalisme et ses critiques*, Lignes, Paris, 2011.
– et KURZ Robert, *Les Habits neufs de l'Empire*, Léo Scheer, Paris, 2003.

KLEIN Naomi, *La Stratégie du choc. La montée d'un capitalisme du désastre*, Actes Sud, Arles, 2008.

KORSCH Karl, *Marxisme et contre-révolution dans la première moitié du XX*e *siècle*, Le Seuil, Paris, 1975.

Krisis (Groupe), *Manifeste contre le Travail*, Léo Scheer, Paris, 2002.

LANDER Edgardo, *Crisis civilizatoria y geopolítica del saber*, Cideci-Unitierra, San Cristóbal de Las Casas, 2012.

LATOUCHE Serge, *L'Occidentalisation du monde. Essai sur la signification, la portée et les limites de l'uniformisation planétaire*, La Découverte, Paris, nouvelle édition augmentée, 2005.
–, *Sortir de la société de consommation*, Les Liens qui libèrent, Paris, 2010.
–, *Vers une société d'abondance frugale. Contresens et controverses sur la décroissance*, Mille et une nuits, Paris, 2011.

LORDON Frédéric, *Jusqu'à quand ? Pour en finir avec les crises financières*, Raisons d'Agir, Paris, 2008.
–, *Capitalisme, désir et servitude. Marx et Spinoza*, La Fabrique, Paris, 2010.

LÖWY Michaël, *Écosocialisme. L'alternative radicale à la catastrophe écologique capitaliste*, Mille et une nuits, Paris, 2011.
– et Robert SAYRE, *Révolte et mélancolie. Le romantisme à contre-courant de la modernité*, Payot, Paris, 1992.

Marx Karl, *La Guerre civile en France*, Éditions ouvrières, Paris, 1957.

Ornelas Bernal Raúl, *L'Autonomie, axe de la résistance zapatiste*, Rue des Cascades, Paris, 2007.

Pannekoek Anton, *Les Conseils ouvriers*, Spartacus, Paris, 1982.

Polanyi Karl, *La Grande Transformation. Aux origines politiques et économiques de notre temps*, Gallimard, Paris, 1983.

Postone Moishe, *Temps, travail et domination sociale. Une réinterprétation de la théorie critique de Marx*, Mille et une nuits, Paris, 2009.

Riesel René et Semprun Jaime, *Catastrophisme, administration du désastre et soumission durable*, Éditions de l'Encyclopédie des Nuisances, Paris, 2008.

Rodríguez Lascano Sergio, *La crisis del poder y nosotr@s*, Rebeldía, Mexico, 2010.

Robert Jean, Intervention au Festival mondial de la Digne Rage, San Cristóbal de Las Casas, janvier 2009.
–, *Crisis : el despojo impune. Cómo evitar que el remedio sea peor que el mal*, Cideci-Unitierra, San Cristóbal de Las Casas, 2009.
– et Rahnema Majid, *La Puissance des pauvres*, Actes Sud, Arles, 2008.

Sahlins Marshall, *La Nature humaine, une illusion occidentale. Réflexions sur l'histoire des concepts de hiérarchie et d'égalité, sur la sublimation de l'anarchie en Occident, et essais de comparaison avec d'autres conceptions de la condition humaine*, Éditions de l'éclat, Paris, 2009.

Sortir de l'économie, Le Pas de côté, Vierzon, 2013.

Sousa Santos Boaventura de, *Una epistemología del Sur*, Siglo XXI-Clacso, Mexico, 2009.
–, *Para descolonizar el Occidente. Más allá del pensamiento abismal*, Clacso, Buenos Aires, 2010 (2e éd., Cideci, San Cristóbal de Las Casas, 2012).

Sous-comité décentralisé des gardes-barrières en alternance, *Ne sauvons pas le système qui nous broie ! Manifeste pour une désobéissance générale*, Le Passager Clandestin, Paris, 2009.

Sous-commandant Marcos, *¡ Ya Basta !*, Dagorno, Paris, 1994-1996, 2 vol.
–, *Saisons de la digne rage*, Climats, Paris, 2009.
– et Sous-commandant Moisés, *Eux et nous*, Éditions de l'Escargot, Paris, 2013.

Stengers Isabelle, *Au temps des catastrophes. Résister à la barbarie qui vient*, La Découverte, Paris, 2009.

Vaneigem Raoul, *Modestes propositions aux grévistes pour en finir avec ceux qui nous empêchent de vivre en escroquant le bien public*, Verticales, Paris, 2004.

Wallerstein Immanuel, *Comprendre le monde. Introduction à l'analyse des systèmes-monde*, La Découverte, Paris, 2006.
–, *Sortir du monde états-unien*, Liana Levi, Paris, 2004.
–, *L'Universalisme européen. De la colonisation au droit d'ingérence*, Démopolis, Paris, 2008.

Zibechi Raúl, *Disperser le pouvoir. Les mouvements comme pouvoirs anti-étatiques*, L'Esprit Frappeur-Le Jouet Enragé, Paris, 2009.

Web

L'ensemble des textes et communiqués zapatistes sont disponibles sur <http://enlacezapatista.ezln.org.mx> et, en français, sur <http://www.lavoiedujaguar.net>.

REMERCIEMENTS

Cet ouvrage n'aurait pas commencé à exister sans la dynamique collective du séminaire alternatif « Évaluer le capitalisme » (EHESS, printemps 2009), tenu dans le cadre des mobilisations contre la réforme universitaire dite « LRU ».

Il doit beaucoup à tous ceux qui y ont participé, ainsi qu'aux remarques et critiques de ses premiers lecteurs. Que soient tout particulièrement remerciés Claudine Baschet, Jean-Claude Bonne, Elisa Brilli, Julien Demade, Pierre-Olivier Dittmar, Thomas Golsenne, Misgav Har-Peled, Anselm Jappe, Jean-Paul Le Marec, Michael Löwy, Rocío Martinez, Aline Pailler, Jean Robert, Marc Tomsin et Jean Wirth.

Ce livre doit l'essentiel de son inspiration à l'énergie rebelle des membres de l'EZLN, auxquels il est dédié.

C'est en terre chiapanèque qu'il a pris sa forme actuelle, en se nourrissant des apprentissages qui s'élaborent semaine après semaine, mois après mois, année après année, dans les séminaires du CIDECI-Universidad de la Tierra de San Cristóbal de Las Casas. Je mesure ce que le présent essai doit à cet espace, à chacun(e) de ceux et celles qui y participent et à Raymundo Sánchez Barraza, qui en est le coordinateur.

C'est grâce à Rémy Toulouse, Laurent Jeanpierre et Christian Laval que ce livre a trouvé son heureuse destination éditoriale ; je leur en suis particulièrement reconnaissant, comme de leurs suggestions avisées lors de la révision finale du texte.

La matière de certains chapitres a fait l'objet de présentations à l'occasion des Séminaires internationaux de réflexion et d'analyse, organisés par le CIDECI-Universidad de la Tierra, en décembre-janvier 2009-2010, 2011-2012 et 2012-2013. Des versions préliminaires ont été accueillies par la revue *Réfractions* (25, 2010, p. 47-56) et sur les sites *Éditions papiers* (juin 2009, <www.editionspapiers.org/publications/construire-l'autonomie-le-commun-sans-l'état>) et *La voie du jaguar* (janvier 2013, <www.lavoiedujaguar.net/Nous-sommes-deja-en-chemin-creant>). J'en remercie vivement les coordinateurs.

TABLE

INTRODUCTION 7

Ne sauvons pas le capitalisme, sauvons-nous de lui !, 16

CHAPITRE 1 LE CAPITALISME, SYSTÈME HUMANICIDE 19

Une crise, oui, mais de quoi ?, 20
Ruptures historiques du néolibéralisme, 28
Constitution du marché mondial, 32
Tyrannies et mutations du travail, 35
Formatage concurrentiel des subjectivités, 39
Non, nous ne voulons plus, 51

CHAPITRE 2 CONSTRUIRE L'AUTONOMIE : LE POLITIQUE SANS L'ÉTAT 53

Les zapatistes : une expérience rebelle, 54
Que faire (de l'État) ?, 61
Auto-émancipation et autogouvernement, 70
L'autonomie comme forme politique générale, 75

CHAPITRE 3 LA SOCIÉTÉ LIBÉRÉE DE L'ÉCONOMIE 85

La base matérielle de la société postcapitaliste existe déjà, 88

Révolution du temps et dé-spécialisation
généralisée, 97
Le travail est mort, vive l'âge du faire !, 105
Subjectivités coopératives et foisonnement
des singularités, 109

CHAPITRE 4 UN MONDE FAIT DE MULTIPLES MONDES 119

De la guerre contre la subsistance
à l'affirmation du bien vivre, 122
Vers un pluniversalisme interculturel, 132
Revirement historique et révolution
anthropologique, 141

CHAPITRE 5 NOUS SOMMES DÉJÀ EN CHEMIN 151

Au-delà des deux scénarios, 153
Faire croître nos espaces libérés, 157
Résister et construire, tout ensemble, 165
Compter avec d'autres forces que les nôtres, 173

REMARQUES FINALES 183

Aucun chemin n'est tracé et jamais
il n'existera UN chemin, 186

ANNEXE

Estimation du temps d'activité
dans une société postcapitaliste 189

Bibliographie 197

Remerciements 203

Composition Facompo, Lisieux.
Impression réalisée par CPI Bussière
à Saint-Amand-Montrond (Cher)
en octobre 2016.
Dépôt légal : novembre 2016
Numéro d'imprimeur : 2026035
Imprimé en France